운명의 승리자 박열

후세 다쓰지 지음
박 현 석 옮김

玄 人

운명의 승리자 박열

후세 다쓰지(布施辰治)

국립중앙도서관 출판예정도서목록(CIP)

운명의 승리자 박열 / 지은이: 후세 다쓰지, 나카니시 이노
스케 ; 옮긴이: 박현석. ─ 서울 : 玄人, 2017
　　　p. ;　　cm

원표제: 運命の勝利者朴烈
원저자명: 布施辰治, 張祥重, 鄭泰成
권말부록: 조선인을 위해 변함 ; 박열 군의 일 등(겨울 일기
) ; 가시와기에서
일본어 원작을 한국어로 번역
ISBN　979-11-88152-09-4 03990 : ₩13000

박열
독립 운동가[獨立運動家]

911.063-KDC6
951.903-DDC23　　　　　　　　　　　　CIP2017011764

목   차

◎ 필자의 말

이 책은 대역사건을 중심으로 한 박열 군의 단면일 뿐, 박열 군에 대한 자세한 평전도 아니고 완전한 전기도 아니다. 박열 군에 대한 자세한 평전은 적당한 필자에 의해서 완성될 것이라 믿는다. 그러나 대역사건을 중심으로 한 박열 군의 단면에 있어서는, 박열 군이 일본으로 건너온 직후 부당하게도 단발 사건을 겪은 뒤부터 잡지 『불령선인(不逞鮮人)』의 발행과 흑우회(黑友會) 운동에도 직간접적으로 협력관계에 있었기에 필자는 대역사건의 변호인이 되었고, 이후부터 24년 동안의 친교를 옥중에서도 지속하여 오늘에까지 이르렀다.

그리고 필자는 「조선의 독립운동에 경의를 표함(朝鮮の獨立運動に敬意を表す)」이라는 글로 인해 첫 번째 필화사건의 취조를 받았고, 뒤이어 의열단원 김사섭(金思燮)[1] 군의 니주바시(二重橋) 폭탄사건에서 기피이유 발표로 인해 다시 필화사건을 되풀이했다는 추억이, 박열 군의 조선독립운동에 목숨을 건 대역사건에 깊은 흥미와 공감을 품게 했다.

---

1) 김지섭(金祉燮)을 말하는 듯하나, 이 책에는 전부 김사섭으로 되어 있다. 김지섭 선생은 3·1운동에 가담하였으며, 이후 중국으로 망명하여 의열단에 가입, 상하이·베이징 등에서 독립운동을 했다. 1923년 1월 5일에 일본 궁성의 니주바시에 폭탄을 던졌으나 불발에 그쳤으며 현장에서 체포되었다. 1928년 2월 20일에 사형당하고 말았다.

뿐만 아니라 박열 군의 변호인으로 필자가 관여했던 변호인으로서의 태도에는 변호인이 지켜야 할 선을 넘은 부분이 있었을 정도로 대역사건을 다루는 방법에 철저하게 비판을 가하는 열의를 보였고, 공판을 준비하는 재판소와의 교섭에 특별한 역할을 수행했다는 기억이 박열 군, 그리고 공동저자인 장상중(張祥重) 군의 의뢰를 받아들여 이 책을 집필할 결심을 품게 한 것이다.

한마디 더 덧붙여두고 싶은 것은, 원래 대역사건에 대한 형사 기록은 일반적으로 변호인의 등사권을 제한하여, 재판소에서 제작한 기록을 변호인에게 대여하고 사건 종료 후 대여했던 기록을 거두어들여 대역사건에 대한 기록은 절대로 민간에 남지 않도록 하는 방법을 쓰고 있다는 사실이다.

박열 군의 대역사건 기록에 대해서도 같은 방법이 행해졌다. 그러나 필자는 변호자료임을 들어 재판소의 대부 기록 반환청구를 단념케 해 이것을 보존하고 있었기에 대역사건을 중심으로 한 박열 군의 단면을 묘사하는 이 책을 논술할 수 있었던 것이다.

1946년 5월
후세 다쓰지(布施辰治)

  우리가 이 책의 공저자로 이름을 올리게 된 것은 필자 후세 다쓰지 씨의 우정에 의해서다.

  처음 후세 씨는 '조선이 낳은 혁명가인 박열 군을 일본인인 자신이 묘사하는 것은 적절치 않다.'는 이유로 이 책의 집필을 고사하셨으나, 박열 형이 일본으로 건너온 이후 맺은 동지적 관계에 의해서 본 사건을 변호하신 당시를 회고하는 박열 형과 우리의 추억은, 박열 형의 대역사건을 묘사할 적격자는 후세 씨밖에 없다는 신념을 가지고 후세 씨에게 이 책의 집필을 요청하여 흔쾌히 승낙을 얻어낸 것이다.

  그 과정에서 후세 씨는, 박열 형의 벗으로서 언제나 그 뜻과 행동을 같이 했으며 박열 형이 감옥에 있을 때나 살아 돌아온 후에도 늘 변함없이 박열 형과 자신을 하나로 묶어 살아 돌아오는 승리를 기원하고 있던 우리에게 공동 저자로서 서명케 하는 것이 조국 조선의 탈환에 목숨을 건 박열 형의 대역사건을 조선 민족 3천만 동포에게 알림과 동시에 7천만 일본 민족을 위해 몸소 천황제를 비판한 박열 형의 대역사건을 이야기하는 일선동지(日鮮同志)의 영광이 될 것이라며 공동 저자로 서명하기를 요청하셨던 것이다.

  이 책은 전부 후세 씨가 집필하신 것으로, 공동 저자인 우리는 한 글자도 더하지 않았음을 솔직하게 고백한다. 그러나 후세 씨로부터 공동 저자로 서명하라는 요청을 받은 일선동지의 우정은 진심으로 그것을 감수해야 한다고 생각했기에 굳이 공동 저자로 서명을 했다. 우리의 심경을 잘 헤아려주시기 바란다.

장상중
정태성

Ⅰ. 옥중 투쟁 23년

1. 운명의 승리

박열 군의 생환은 운명의 기적이다.

박열 군의 생환은 운명의 승리다.

박열 군이 듣기에도 끔찍한 대역사건이라는 죄명(재판소에서는 대역사건이라는 죄명을 저어하여 '특별사건', 혹은 '형법 제73조의 죄'라고 부른다)으로 포박된 것은 독선적인 일본의 수도, 교만한 일본 천황의 발아래에 있는 도쿄(東京)가 하늘의 일격으로 꾸짖음을 들은 1923년 9월 1일의 대화재 직후, 주의자선인(主義者鮮人)의 집단봉기라는 유언비어가 난무하던 3일 오후였다.

×   ×   ×

필자의 회고에 되살아나는 체포 당시의 박열 군은 참으로 그립다. 그 '선인을 처단하라', '주의자를 죽여라'라는 군벌(軍閥) 테러의 선동으로 고립무연(孤立無緣)의 선인이 시나가와(品川)에서도 학살당했다, 세타가야(世田ヶ谷)에서도 학살당했다, 요쓰야(四谷)에서도 학살당했다는 소문 때문에, 누구 하나 온 사람이 없는 청년운동회의에 홀로 필자의 요쓰야 아라키초(荒木町)에 있는 사무소까지 온 박열 군의 혁명가다운 주도면밀함이 떠올라 기쁜 마음이 든다.

그와 동시에 박열 군을 체포한 경찰은, 군벌과 함께 '선인주의자 봉기'라는 유언비어를 유포하고, 그 유언비어에 대항하는 일본의 경방단(警防團)이 박열 군을 역습할 우려가 있으니 보호를 위해 검속(檢束)하는 것이라는 구실로 체포한 그 음험함과 증오스러움이여! 독자는 일본 '군(軍)', '경(警)'의 그와 같은 교활한 지혜를 잘 기억하며 이 책을 통독해주시기 바란다.

×   ×   ×

박열 군이 생환한 것은 독선적인 일본이 패전이라는 두 번째 하늘의 꾸지람을 들은 후, 교만한 일본 천황에게 타도라는 세 번째 하늘의 꾸지람이 폭풍처럼 불어닥치고 있던 1945년 10월 27일이었다.

2. 옥중 투쟁 23년

얼마 전에 달력을 넘겨가며 꼼꼼하게 그 날수를 헤아려 보니 1924년부터 1944년까지가 만 21년, 체포된 1923년의 날수는 9월 3일 이후로 3개월 28일, 살아 돌아온 1945년의 날수는 10월 27일까지 9개월 27일로 이를 합치면 1년 1개월 25일이 되는데 거기에 6번의 윤년이 있었으니 6일을 더하면 총 날수는 정확히 8091일, 햇수로 따지면 22년 2개월 1일이라는 옥중 생활을 끝까지 견뎌낸 생환이었다.

3. 박열 군의 건강

박열 군이 1923년 10월, 도쿄 형무소에 수용되었던 당시의 건강조사를 살펴보면, '25세의 남성으로 신장은 5자 2치 2푼(약 158㎝ ― 역주), 체중 11관 400문(약 42.75㎏), 가슴 둘레 2자 4치 8푼(약 75㎝), 언뜻 보기에 마른 듯하고 체격·영양 모두 섬약하다. 눈썹이 짙고 수염은 기르지 않았으며, 머리는 둥근형이고 이마가 넓다. 전신의 피부에 부종, 발진, 반흔은 없다. 내장 소견은 폐첨 카타르가 있으며, 미열 및 식은땀이 있다. 위장 증상을 함께 가지고 있으며, 폐첨 카타르 국소에 타진상의 탁음을 보인다. 청진에 의한 호흡은 미약하다. 그러나 객담(喀痰) 속에서 병균은 발견되지 않았다. 폐첨 카타르의 결핵병은 비활동증, 또한 비전염성 상태다.'라고 되어 있다. 섬약하고 나약해서 지병과 현재의 증상 등 몇 가지 병을 가지고 있었으며, 선천적인 체질도 체포 당시의 건강도 강철과 같았다고는 말할 수 없었다. 오히려 언뜻 보기에 귀공자와도 같은 유약한 체질로 23년의 옥중 생활을 견뎌낸 박열 군의 생환은 단지 운명의 기적일 뿐만 아니라 그야말로 생명의 기적이라고 생각한다.

이를 세계 감옥의 역사에서 살펴보아도, 보통 감옥 출입 전과 수십 범이라는 옥중 생활자 가운데 날수 통합 22년에 이른 생환 기록이 있기는 하지만 대역사건 한 가지 죄, 1범으로 시종 23년의 옥중 생활을 일관한 혁명가의 생환 기록은 아직 세계에서도 그 예를 찾아볼 수 없는 대기록이다. 이렇게 해서 박열 군의 신념과 신체는, 강철보다 강한 운명의 승리를 축복받는 철인(哲人) 박열 군을 완성한 것이다.

4. 박열 군의 생환

더구나 필자는 생환하려고 해서 생환한 것이 아니라는 박열 군의 생환 고백을 들었기에 참으로 운명의 기적이자, 생명의 기적이라고 박열 군의 생환에 찬탄의 기쁨을 금할 길이 없다.

×   ×   ×

박열 군과 필자가 지바(千葉) 형무소에서 마지막으로 면회한 것은 1926년 7월 23일이었던 것으로 기억하고 있다. 그것은 몸과 마음 모두 박열 군에게 바쳤던 후미코(文子)

씨가 도치기(栃木) 형무소에서 옥사한 사실을 알리기 위해, 당시 친형인 박정식(朴庭植) 군이 지바 형무소에서 부당하게 면회를 거절당한 가정요건(家庭要件)의 대리면회라는 요건으로, 후미코 씨의 옥사를 절대로 알리지 않겠다는 조건하에 특별면회를 사법성 이즈미(泉) 2행형국장으로부터 허락받아 이루어진 면회였다. 그러나 필자는 무슨 일이 있어도 알리지 않을 수 없었다. 후미코 씨의 옥사를 보고하기 위해 단 한마디,

"후미코 씨가 죽었다."

라고 말한 순간 면회의 막이 내려졌다. 이 1초 동안의 면회 이후 20년 만에 만나게 된 박열 군의 생환 후 첫 번째 회견은, 필자도 지바 형무소에서 옥중 생활을 경험한 적이 있었기에 참으로 감개무량한 것이다.

손은 굳게, 굳게 쥐었으나 입으로는 한동안 말이 없었다.

굳은 악수를 나누고 난 뒤, 두 사람의 입에서 한숨처럼 나온 첫 번째 말은,

"건강하게 만나서 다행입니다."

라는 한마디였다. 마침내 전신의 격정을 진정시킨 필자는,

"무엇보다 건강해서……."

라는 말로 박열 군의 생환을 진심으로 축하하고,

"정말 잘도 살아 돌아와 주었네. 참으로 장하네."

라고 말했더니 박열 군은,

"저의 생환은 조금도 장하지 않습니다."

라고 대답했다.

"어째서?"

"생환해야겠다고 생각해서 생환한 것이 아니기 때문에……."

"그거 재미있군. 그렇다면 어떻게 해서 생환할 수 있었단 말인가?"

"죽음만을 생각하고 있었습니다."

"그 기분은 나도 잘 알고 있네. 사람은 아무리 죽고 싶지 않아도 죽을 운명에 사로잡히면 인간의 힘으로는 어떻게 해볼 수도 없는 것이 죽음의 운명이지. 그래서 나는 죽음은 생각하지 않았다네. 그 대신 삶은 자신의 주의와 노력에 따라서 충분히 지킬 수 있는 생명이니 끝까지 살아남을 수 있도록 주의하고, 생명을 지켰다네. 자네가 죽음만을 생각했다고 한 말은, 그런 나의 사생관(死生觀)을 역으로 말한 것 아닌가?"

"아니, 저는 그렇게 어려운 인생론이나 사생관을 생각한 것이 아닙니다."

"그런가? 그렇다면 더욱 재미있군. 죽음만을 생각했는데 살아 돌아온, 그 이유를 들려주지 않겠나?"

"사실은 옥 속에서 죽어가는 친구들의 마지막을 보고 있으면, 참으로 비참합니다. 비쩍 마른 그 얼굴, 병들어 막대기처럼 되어버린 그 팔다리, 몸과 마음 모두 지칠 대로 지쳐버린 사람의 최후만큼 가엾은 것도 없다고 생각했습니다."

"맞는 말이야. 나도 도쿄의 형무소에서 옥사한 친구를 두 명 연속으로 지켜본 적이 있었는데 참으로 가여웠어."

"저도 어차피 옥사할 것이라 생각했는데, 그런 식의 비참한 옥사만은 하고 싶지 않았습니다. 싸울 힘이 다해서 완전히 멸망해버리는 것 같은 옥사만은 하고 싶지 않았습니다. 죽는 순간까지 투쟁의 힘을 씩씩하게 유지하며 죽는 일만을 생각했습니다."

"그런가? 장하네. 정말이야. 무기수로 옥사를 각오했던 자네가 그런 생각을 품는 건 당연한 일일세. 장하네. 역시 자네의 생환은, 자네 노력의 승리야."

"저는 저주하기 시작한 천황을 끝까지 저주하고 싶다, 있는 힘껏 옥사하는 그 순간까지 끝까지 저주하고 싶다, 가능하다면 저주해서 죽이고 싶다, 천황을 저주해서 죽일 힘을 끝까지 잃고 싶지 않다고 생각했습니다. 그랬기에 1926년 4월 6일, 지바 형무소에 투옥된 첫날부터 살아 나오기 전 아키타(秋田) 형무소에서 보냈던 마지막 날까지 냉수마찰을 하루도 게을리 하지 않고 계속했습니다. 그 건강법이 저를 살아 돌아오게 한 것입니다."

"그래, 그런가? 정말 장하네. 재미있어. 정말 운명의 승리야. 건강의 승리야. 신념의 승리야. 투쟁의 승리일세."
라는 말로 필자는 박열 군의 생환을 찬탄했는데 참으로 혁명가다운 박열 군의 생환 고백에 머리를 숙이지 않을 자가 과연 있을까?

5. 옥중 생활의 발자취

필자는 어디까지나 이 책 내용의 정확성을 기하기 위해서 박열 군이 1923년 9월 3일, 대역사건이라는 죄명으로 체포되어 1945년 10월 27일에 살아 돌아오기까지의 옥중 생활 23년 동안의 발자취와 그 죄명을 요약해서 기술해두기로 하겠다.

×   ×   ×

(1) 9월 3일의 체포는 보호검속이라는 행정집행법 제1조 '구호를 요한다고 인정되는 자에 대해 필요한 검속을 가한다.'는 규정의 적용이었다. 그것은 그 자신들이 진재 직후 사람들의 마음이 어지러워진 틈을 이용하여 주의자선인 봉

기라는 유언비어를 퍼뜨리고, 또 반대로 주의자선인 봉기에 역습을 가하는 일본인 경방단의 위험으로부터 보호하기 위한 검속이라는 악랄한 수법을 쓴 것이었다.

(2) 9월 4일에는 3일의 구호검속 24시간이 지났기에, 경찰범 처벌령의 '일정한 주거, 혹은 생산 없이 각지를 배회하는 자'에 해당한다며 '구류 29일'을 즉결하여 검속, 세타가야 경찰서에 유치했다.

경찰범 처벌령은 매해 수백만 명에 이르는 사람들이 대상이 될 정도로 인권을 유린하는 법으로, 경찰관헌에 이보다 더 편리한, 합법적 인권유린의 무기도 없다. 박열 군에 대한 경찰범 처벌령의 적용 '일정한 주거 없는 자'의 해당 이유는, 3일에 박열 군을 연행한 도미가야(富ヶ谷)의 자택을 연행 직후, 그들이 집 주인에게 "박열은 더 이상 돌아오지 않는다. 영원히 돌아오지 않을지도 모르니 집을 거두어 다른 사람에게 빌려주는 편이 나을 것이다."라고 말해서 박열 군의 주소를 실각시키고, 가재도구 등을 경찰관 입회하에 마음대로 처분케 한 결과 박열 군은 일정한 주소 없는 자로 경찰범 처벌령을 적용받게 된 것이었다.

그 누가 경찰관헌의 음험함과 비겁함을 증오하지 않을 수 있겠는가?

(3) 10월 20일에는 구류기간 만료와 동시에, 그날부터 19
24년 2월 5일까지 치안경찰법 위반 피고로 이치가야(市ヶ
谷) 형무소에 기소 수용했다. 그러나 치안경찰법 위반이라
는 기소는 경찰관이 박열 군의 자택을 공공연하게 출입하
여 불령사(不逞社)의 존재를 잘 알고 있었으며, 회합에 입
회한 적도 있었던 그 불령사를 비밀결사로 간주하여 치안
경찰법 제14조 '비밀의 결사는 그것을 금한다.'는 조항에
의거 입건 가능할지 검토한 것으로, 예심청구서에서는 불
령사의 목적과 결과를 다음과 같이 지적했다.

예심청구서

하기의 범죄사건에 대해서 증빙서류를 목록대로 송치하
오니, 예심처분해주시기 바랍니다.

1923년 10월 20일
송부 도쿄 지방재판소 검사국
동청 검사 이시다 모토이(石井基)

도쿄 지방재판소
예심판사 귀중

도요타마군 요요하타마치 요요기 도미가야 1474번지
박열 잡지경영

치안경찰법 위범　　　　박준식(朴準植)

　　　　　　　　　　　　　　　　　당 25세

동소(同所) 무직

동　　　　　　　가네코 후미코(金子文子)

　　　　　　　　　　　　　　　　　당 20세

기타토시마군 다키노가와마치 나카자토 215번지 고려사(高麗舍) 내
무직

동　　　　　　　정태성(鄭泰成)

　　　　　　　　　　　　　　　　　당 23세

기타토시마군 다키노가와마치 나카자토 215번지 고려사 내
장상중 무직

동　　　　　　　장찬수(張讚壽)

　　　　　　　　　　　　　　　　　당 26세

간다구 미토시로초 일본 기독교 청년회관 내
무직

동　　　　　　　한현상(韓睍相)

　　　　　　　　　　　　　　　　　당 23세

외 12명(성명 생략)

기소사실

피고 박준식은 허무사상을 품은 채 권력의 파괴를 생각

하고 있었기에 유력한 동지의 집단을 조직하기 위한 의도로 올 4월 중순 도요타마군 요요하타마치 요요기 도미가야 1474번지 자택에서 피고 가네코 후미코, 홍진유(洪鎭裕), 최규종(崔圭宗), 육홍균(陸洪均), 서동성(徐東星), 정태성 및 오가와 다케시(小川武) 등과 모여 무정부주의 경향의 동지를 규합·단결하고 그 주의상 필요한 사회운동 및 폭력에 의한 직접행동을 목적으로 하는 비밀 단체를 조직할 것을 협의, 피고 등과 공모하여 불령사라는 명칭하에 표면적으로는 동지의 친목을 꾀하는 것처럼 가장했으나 사실은 전술한 목적을 달성하기 위한 비밀결사를 조직하여 여기에 가입하고, 피고 서상경(徐相庚), 김중한(金重漢), 니이야마 하쓰요(新山初代), 노구치 힌지(野口品二), 하세명(河世明)은 5월 중, 피고 장상중, 한현상, 구리하라 가즈오(栗原一男)는 6월 중 모두 위의 불령사에 가입한 사실이다.

여기서도 그들 마음대로 지금까지 공공연하게 인정받고 있던 결사를 자신들 상황에 따라 비밀결사로 삼은 법률의 악용, 역용을 멋대로 했다는 점에 주의하기 바란다.

(4) 1924년 2월 5일, 박열 군과 후미코 씨에게 치안경찰법 위반에 더해 폭발물관리규칙 위반을 추가로 기소했는데

추가 예심청구서는 다음과 같다.

추가 예심청구서

다음 피고사건에 대해 예심을 청구함.

1924년 2월 15일
도쿄 지방재판소 검사국
동청 검사 이시다 모토이

도쿄 지방재판소

예심판사 귀중

폭발물관리규칙 위범   피고 박준식

피고 가네코 후미코

피고 김중한

기소사실

피고 박은 1917년, 조선 경성에 머물 무렵부터 일본관헌의 시정에 따르지 않고 깊은 반감을 품고 있었으며, 1919년 10월 도쿄로 온 이후 무정부주의사상에 경도되어 마침내 스스로가 모든 정치적 및 사회적 권력을 저주하고 이를 파괴하려는 허무사상을 품게 되었다. 그러던 1922년 1월 무렵, 피고 가네코와 알게 되었는데 사상적으로 깊이 공명하는 바 있어서 같은 해 4월 무렵부터 동거하며 늘 반역심을 채울 기회를 엿보고 있을 때, 전부터 피고 박을 존경하고 있던 피고 김이 마침 1923년 4월 하순에 조선에서 건너와 피고 박을 방문했다. 피고 박 및 가네코는 동인(同人)의 절조가 굳고 또한 사상적으로 공통되는 점이 있다는 사실을 알게 되었으며, 이에 위의 피고 두 명은 공모하여 피고 김을 매개로 상해(上海)에서 폭탄을 입수, 적당한 기회를 틈타 이를 도쿄에서 사용하여 치안을 방해하고 또한 사람의 신체 · 재산을 해하려고 기도했으나, 피고 가네코는 전혀 관여하지 않는 척 가장했다. 같은 해 5월 상순 피고 박은 혼고(本鄕) 구 덴진초(天神町) 1번가 31번지 긴조칸(金城館)으로 피고 김을 방문하여 도쿄에서 폭탄을 투척할 뜻이 있음을 알리고 상해와 연락을 취해 폭탄을 입수해달라고 의뢰하였다. 피고 김은 이를 승낙하고 그 비용으로 금 천 엔을 요구했다. 그러나 그 후, 피고 박과 김과의 사이에 어긋남이 있어 마침내 폭탄을 입수하기에는 이르지 못한 사실이다.

덧붙여 본건은 앞서 예심을 청구한 피고 박준식 등에 대한 치안경찰법 위범사건과 병합심리해주기 바란다.

(5) 1925년 7월 7일에는 폭발물관리규칙 위반의 관할이 다름을 언급하고, 같은 달 17일 대심원 검사총장이 별도로

대역사건을 기소, 1926년 4월 5일까지 이치가야 형무소에 미결수로 가둔 그들 사법관헌의 방자함과 제멋대로 마음껏 인권을 유린한 옥중 투쟁에 대한 상세한 내용은 후술하기로 하겠다.

(6) 1926년 3월 25일, 대심원 특별재판소에서 사형.

(7) 1926년 4월 5일, 천황의 은사로 사형에서 일등을 감하여 무기징역.

(8) 1926년 4월 6일부터 1936년 7월까지 지바 형무소.

(9) 1936년 8월 고스게(小管) 형무소로 이송, 1943년 7월에 이름.

(10) 1943년 8월부터 아키타 형무소로 이송, 1945년 10월 27일에 이르기까지의 옥중 투쟁은 자그마치 22년 2개월 1일, 23년에 이른다.

6. 운명의 기적은 계속된다

그렇다면 박열 군을 살아 돌아올 수 있게 한 것은 누구였을까?

천황이라는 이름으로 박열 군과 후미코 씨 두 사람을 사형에 처한 것도 천황이었다면, 박열 군의 사형을 일등 감한 무기로 만들어 마침내 박열 군으로 하여금 23년 옥중 투쟁에서 승리하여 생환하게 한 동기를 만든 것도 천황이었다.

박열 군은 은사 전후 열흘 동안에 대해서 필자에게 이렇게 이야기해주었다.

나는 1926년 3월 25일에 사형을 선고받았다. 이튿날인 26일에 아키야마(秋山) 형무소장을 면회했다. 그리고 사형 집행에 관한 의견을 교환했다.

"집행은 일주일을 넘기지 않을 것이라 여겨지는데, 어떻게 생각하는가?"

라고 물었더니 아키야마 소장은,

"사법 대신의 집행명령이 언제 올지 모르니, 집행일도 알수 없다."

고 말했다.

"전례는?"

이라고 물었더니,

"내게는 대역사건의 전례가 될 만한 경험이 없기 때문에 모르겠다."

고 말했다.

"집행명령이 오면 바로 집행하는 것만은 틀림없는 사실이겠지?"

라고 다그치자,

"그것만은 틀림없는 사실이다."

라고 했다.

"후세 변호사님의 말에 의하면 아침 일찍 입회 검사로부터 전화로 예고가 있고, 그 입회 검사가 사법대신의 집행명령서를 가지고 오면 소장이 나를 불러서 집행을 통보한다고 하던데 그대로인가?"

라고 물었더니 소장은,

"후세 변호사는 무엇이든 잘 조사를 하고 있으니 그럴지도 모르지."

라고 답을 피하며 쓴웃음만 지었다.

이에 나는 사형집행에 관한 3가지 요구조건을 제시했다.

그 첫 번째는, 언제 집행을 하든 그 시기는 마음대로 해도 상관없으나 나는 일본의 법률을 인정하지 않으니 집행명령의 통보 같은 그들의 합법적 수속은 생략하고 단번에 목을 졸라 죽이는 학살을 희망한다.

두 번째는, 나는 자신의 생을 부정하고 천황의 생을 부정한 대역사건의 결행을 꾀했으니, 절대로 사형 집행을 두려

위하지 않으며, 또한 사형 집행에 항의하는 태도도 절대로 취하지 않을 것이다. 언제든 마음에 드는 때에 아무런 걱정도 하지 말고 집행을 준비해주었으면 한다.

세 번째는, 단 사형을 집행하기 전까지는 가능한 한 나의 언동을 자유롭게 하고, 내 마음에 드는 간수를 내 요청대로 내게 보내어 내 말을 듣게 해주었으면 한다.

아내인 후미코도 나와 같은 의견이니 나와 같은 대우를 해주었으면 좋겠다고 말했더니, 아키야마 소장도 크게 감격한 듯 내 요구대로 간수들에게 말하고 4월 4일까지 사형 집행의 날을 기다렸다.

그런데 4월 5일에 전혀 생각지도 못했던, 사형을 일등 감하여 무기징역으로 하겠다는 그들의 갑작스러운 은사, 후미코의 말에 의하자면 목숨을 농락하는 일이 벌어졌다. 그렇게 해서 사형 집행의 확정행로에도, 각오에 대한 계획에도 커다란 차질이 생기게 했다.

그것은 나와 후미코뿐만 아니라 아키야마 형무소장에게도 차질을 빗게 한 모양이었다.

어쨌든 은사령(恩赦令)을 받아든 아키야마 소장은 기꺼이 박열 군에게도 그 뜻을 전달했다. 그러자 박열 군은,

"살려두든지 죽이든지 천황 마음대로 하라고 하게. 살려

두는 것이 형벌이라면 살려두어도 상관없네. 죽이는 것이 형벌이라면 죽여도 상관없네. 그러나 그것은 어디까지나 천황의 자의일 뿐, 나는 천황의 생각에 따를 마음은 없다네. 일본의 천황으로부터 은사네 뭐네 하는 은혜를 입을 입장도 아니고, 그럴 이유도 없다네. 단지 나는 내가 저주하고 싶은 대로 살아 있으면 살아 있는 영이 되어, 죽으면 죽은 영이 되어 천황을 저주할 뿐, 그런 은사령 따위에는 관심 없다네."

라고 말해 은사를 받지 않았기에 소장은 은사장을 어떻게 처리해야 좋을지 몰라 당황한 듯했다.

여기서 필자가 소장의 입장을 설명해두겠는데, 소장은 수용된 모든 피고를 대신해서 관청으로부터 서류의 송달을 받게 되어 있다. 각 관청에서는 소장에게 서류를 건네주면 그것으로 본인에게 서류를 건네준 것과 같은 효력을 인정받아 모든 수속이 끝나버리는 것이다. 그런데 박열 군을 대신하여, 박열 군을 위해 소장이 받은 은사장을 박열 군이 받지 않는다고 했으니, 박열 군을 대신하여 받은 은사장을 어떻게 처리해야 좋을지 몰라 박열 군이 보기에도 딱할 정도로 당황한 표정을 지었다는 것은 사실일 것이라고 생각한다.

그와 동시에 그 속을 더 들여다보자면, 은사장을 정식으로 형무소장에게 교부한 사법성은 박열 군을 사형에 처할 수 없기 때문에, 박열 군이 은사장 수령을 거부하여 형무소장을 아무리 난처하게 만든다 할지라도 그것이야말로 박열 군의 자유이며 무슨 말이든 하고 싶은 대로 말해서 소장을 괴롭힐 수도 있는 것이다.

그러나 박열 군은 가엾은 아키야마 형무소장의 어찌해야 좋을지 모르겠다는 듯한 얼굴을 도저히 봐줄 수 없다는 마음이 들었기에,

"천황이 보낸 은사장은 받을 생각이 없지만, 자네가 어떻게 처리해야 좋을지 모르겠다면 자네를 위해서 그 은사장을 맡아두기로 하겠네."

라며 받아주었더니 아키야마 형무소장은, 사형수가 사형을 일등 감하겠다는 은사장으로 살아난 것처럼 기뻐하며 박열 군에게 한없는 감사의 인사로 머리를 몇 번이고 조아렸다고 한다. 여기에도 죽음을 두려워하지 않는 혁명가 박열 군의 기백과, 인간 박열 군의 순정이 나타나 있어 흐뭇한 마음이 든다.

그런데 여기서 필자는, 박열 군과 후미코 씨의 사형을 일등 감한 은사장은 결코 천황의 성덕에 의한 것이 아니라, 오히려 조선 병합이라는 침략을 양심적으로 찌른 박열 군의 대역사건에 사형을 선고한 자신에 대한 자기반성이 천

황의 양심을 스치고 지나간 것일지도 모르겠다는 생각이
든다. 또한 거기에 더해 조선 병합의 조칙에 치국의 무능함
과 부덕을 참회하는 이왕(李王)2)의 조칙을 강제함으로 해
서 이왕이 분함으로 목숨을 잃은 장면이, 박열 군의 조국
조선 강탈을 분하게 여긴 대역사건에 자극받아 참으로 뒷
맛이 씁쓸한 악몽이 되었고 거기에 시달렸기에 눈 가리고
아웅 하는 식의 성덕으로 은위(恩威)인 양 행하는 은사라는
기만행위로 표현된 것이라는 사실을 특기해두고 싶다.

왜냐하면 박열 군이 1926년 4월 5일에 무기형이 된 후,
다이쇼(大正) 천황의 붕어에 의한 은사, 쇼와(昭和)가 되어
지금의 천황이 자리에 올랐을 때의 은사, 1933년에 있었던
황태자 탄생 때의 은사, 2600년 기념3) 은사 등, 은사는 4번
이나 계속해서 행해졌으나, 박열 군의 대역사건만은 언제
나 그 은사에서 제외되어 무기징역인 채로 단 한 번도 은사
감형이라는 성덕을 입은 적이 없었기 때문이다.

그와 같은 은사는 일본의 국가나 국민 사이에 행해진 범
죄에 대해서는 은사 감형하지만, 천황 자신에게 위해를 가
하려 한 범인에게는 절대로 은사 감형을 하지 않겠다는 은
사이니, 일반사람들이 생각하기에는 참으로 자의적이고 악

---

2) 조선의 임금.
3) 1940년을 일본 기원 2600년으로 보고 행해졌던 기념행사.

의적인 은사라는 말을 들어도 변명의 여지가 없지 않을까?

이러한 은사를 광대무변한 성덕이라며 존숭수희(尊崇隨喜)하는 것 자체가 박열 군과 후미코 씨로 하여금 목숨을 걸고 천황을 타도하려는 대역죄를 결행케 한 이유였다. 그 사상적 근거에 대해서는 뒤에서 상세히 기술하기로 하고, 어쨌든 박열 군을 현실로 살아 돌아오게 한 것은 진주군 사령관의 정치범인 즉시 석방에 관한 지령이었다. 그런데 참으로 완고해서 사리에 어두운 일본 정부가, 가장 고도한 정치범인 대역죄를 놓고 이는 정치범이 아니라고 칭하며 박열 군의 석방을 거부하여, 당연히 10월 10일까지 석방되었어야 할 박열 군이 10월 27일까지 억류된 것도 그러한 이유 때문이라는 사실을 필자는 여기에 특기하여, 운명의 승리자인 박열 군의 생환을 수십만 독자와 수천만 동포, 조선 민족과 함께 기뻐하고 싶다.

7. 후미코 씨는 왜 옥사했는가?

여기까지 박열 군의 생환기록을 써온 필자는 후미코 씨가 박열 군과 함께 돌아오지 못한 슬픔을 이야기하지 않을 수 없다.

후미코 씨는 어째서 살아 돌아오지 못했을까? 후미코 씨는 왜 옥사한 것일까?

필자는 12월 7일에 도쿄에서 열린 박열 군 환영회에서 환영의 말과 함께 후미코 씨의 옥사를 슬퍼했다.

「친애하는 박열 군.

나는 자네의 이처럼 화려한 생환을 재일조선동포와 자네를 위해 진심으로 기뻐하네. 우리 일본의 동지들이 이렇게까지 성대하게 자네를 환영하는 감격의 폭풍을 기쁘게 생각하네. 그러나 여기서 나의 마음을 정직하고 솔직하게 말하자면, 자네를 환영하는 감격의 폭풍이 강하게 불면 강하게 불수록, 기쁨의 목소리가 높게 오르면 오를수록, 하나의 쓸쓸한 감정이 내 가슴을 찌르는 듯한 아픔을 내던지는 감격의 공허를 고하지 않을 수가 없다네.

그것은 무엇일까?

자네도 같은 생각일 테지만, 후미코 씨가 이 환영회장에 자네와 함께 살아 돌아오지 못했다는 데서 오는 쓸쓸함일세. 섭섭함일세. 슬픔일세. 후미코 씨가 자네와 함께 오늘 이 단상으로 돌아와 주었다면 자네도 얼마나 기뻤을지 모르겠지만, 나 역시 훨씬, 훨씬 더 기뻤을 것일세. 자리를 가득 메운 재일조선동포도, 일본의 동지들도 훨씬, 훨씬 더 기뻐해 주었을 것일세. 그 점을 생각하면 나는 후미코 씨가 왜 옥사한 것인지 가련히 여기지 않을 수 없다네. 후미코 씨의 뜻이 가련하게 여겨져 견딜 수가 없다네. 자네는 형무소장이 그 은사장을 내밀었을 때, "살려두든지 죽이든지 천황 마음대로 하라고 하게. 살려두겠다면 내가 살아서 천황을 저주하는 것도 나의 자유다. 죽인다면 죽어서 천황의 존재를 저주하는 것도 나의 자유다. 살려두든 죽이든 천황을 저주하는 내게 두 마음은 있을 수 없다."라고 말해 오늘의 생환을 쟁취하였으나, 오로지 순정밖에는 없었던 가네코 씨는 그렇게까지는 생각하지 못했다네. 그렇게까지는 달관하지 못했다네. 천황의 이름으로 사형을 언도한 자가, 천황의 이름으로 일단 사형을 언도했으면서, 이번에는 은사라며 살아 있으라고 하다니 사람의 목숨을 가지고 노는 데에도 정도가 있지. 박열 군에게 바친 아내로서의 후미코, 조선에게 바친 조선 민족으로서의 후미코의 생활은, 몸과 마음 모두를 빼앗긴 무기징역의 일본 감옥에서 목숨을 부지하며 살아간들 무슨 의의가 있겠는가? 차라리 목숨을 끊어 박열 군에게 그 뜻을 바치고, 조선의 토지에 그 뼈를 묻어 조선의 흙이 되는 편이 몸과 마음 모두를 조선에게 바친 나의 뜻을 더 잘 알아줄 것이라고 생각하여 옥사한 후미코의 죽음은 참된 여성의 순정을 실천한 것이니, 세상을 떠난 후미코 씨도 훌륭하다고 생각하네. 잘도 죽어주었다고 생각하네. 일선일체(日鮮一體)라는, 국경을 초월한 동지애를 매우 훌륭하게 실천한 일본 여성의 전형으로 박열 군도 칭찬을 해주었으면 좋겠고, 이곳을 가득 메운 재일조선동포 여러분께서도 칭찬을 해주셨으면 합니다. 그렇게 해서 후미코 씨가 이 빛나는 박열 군 생환 환영회 단상에서 그 기쁨을 함께 나누지 못하게 된 뜻을 헤아려 기려주셨으면 합니다. 박열 군은 후미코 씨의 그런 마음을 이어받아 후미코 씨의 몫까지 앞으로의 활동을 함께 발전시켜주었으면 하네.」

이렇게 해서 환영을 나온 식장 안 사람들의, 후미코 씨 옥사에 대한 진상을 이야기해달라는 요구에 답한 필자의 감격은, 지금 이렇게 붓을 쥔 오늘까지도 후미코 씨의 옥사를 잊을 수 없다. 필자는 그날 밤, 붓을 들어 아래와 같은 작은 노래를 보냈다.

후미코 가엾구나
후미코는 죽었다
죽은 마음이
더욱 가엾구나
가여운 마음을
품은 채 잠들자

박열 군이 이 작은 노래를 듣고 아주 마음에 들어 했다고 하는데, 뜻 있는 독자 여러분께서 후미코 씨의 옥사를 애도해주신다면 필자는 그것으로 만족한다.

II. 박열 군의 법정 태도

1. 법정 태도에 대한 연구와 추억

박열 군의 법정 태도를 서술함에 있어서 필자의 머리에는 필자가 여러 해 동안 행해온 '법정 태도에 대한 연구'가 떠오른다. 그 가운데 두어 가지를 간략히 서술하여 박열 군의 법정 태도를 생각하는 배경으로 삼는 것은 반드시 이 책의 범위에서 벗어나는 것이 아니라고 필자는 생각한다.

여러 가지 의미에서 법정은 신성하기도 하고, 또한 준엄하기도 하다.

오자키 가쿠도(尾崎鄂堂) 옹의 지팡이로서 그 뛰어난 재능을 높이 평가받았던 가토 다카아키(加藤高明) 내각 시절의 사법성 참정관이었던 다가와 다이키치로(田川大吉郎) 씨가 오쿠마(大隈) 내각 붕괴 직후, 데라우치(寺内) 군벌 수상이 주천(奏薦)한 중신을 비판하고 천황의 대권을 무시했음을 지적하여, 그의 간사함을 대대적으로 폭로한 일이 데라우치 군벌의 심기를 건드려 존엄모독죄를 적용받아 기소된 일이 있었다. 그때 필자에게 피고 태도의 슬픔에 대해서 진지하게 이야기하기를,

"법정에 설 때의 발걸음에 생기 없음을 옛날부터 도살장으로 끌려가는 양 같다고 형용하여 활기 없고 풀이 죽어 있

는 모습을 인상적으로 표현했는데, 나는 그 누구도 그런 태도를 절대로 느끼지 못하게 하겠다, 적어도 도살장의 양으로 형용되는 모습을 떠오르게 하는 법정 태도만은 무슨 일이 있어도 피하겠다고 굳게 마음먹었다네. 하지만 이제 와서 솔직히 말하자면, 그건 역시 일종의 허세에 불과하고, 판결을 언도받을 법정으로 나갈 때의 마음은 역시 도살장의 양일세. 워낙 그들 벽창호 같은 재판관들에 의해서 내 운명이 어두워질 수도 있고 밝아질 수도 있는 일 아닌가? 이쪽으로 내몰릴지, 저쪽으로 떠밀릴지 그들 마음에 달렸다는 생각이 들면 한심하기도 하고 분하기도 하지만, 그걸 어떻게 해볼 수도 없는 일 아닌가? 재판하는 자와 재판받는 자의 입장을 상하로 나눈 그 법정이라는 건 참으로 혐오스러운 것일세. 나가고 싶지 않은 것이 인지상정이지만 그렇다고 해서 안 나갈 수도 없고, 나가서 혐오스러운 감정의 분노를 그들에게 쏟아 부을 수도 없고, 그 벽창호 같은 사람들을 설득할 기회도 이미 끝나버린 판결의 언도를 들으러 나가서 유죄가 될지 무죄가 될지 알 수 없는 판결을 언도받아야 하는 마음의 불안은 다른 무엇에 비할 수 없는 도살장의 양일세. 그 불안이 입정할 때의 법정 태도가 되어 발걸음이나 손짓에 나타난다면, 역시 도살장으로 끌려가는 양이라는 음습하고 애처로운 인상을 주는 것은 당연한 일일세."

라고 말씀하셨던 것이 떠오른다. 필자도 같은 경험을 한 적이 있는데 참으로 동감하지 않을 수 없다. 그 오가와 헤이키치(小川平吉) 철도 대신처럼 공소재판에서 유죄 판결을 받자, "재판장, 잠시만!"이라고 항의했으나, "할 말이 있으면 상고하시오. 지금까지 당신의 말을 들을 만큼 들은 뒤 재판했으니 지금 우리에게는 그 무엇도 들을 권리가 없고, 또 들어봐야 일단 언도한 판결을 뒤집을 수도 없다는 사실은 변호사 출신인 당신이 더 잘 알고 있는 일 아니오?"라는 역습을 받아 유죄판결이라는 치욕에 또 다른 치욕을 더하는 것 같은 어리석은 짓조차 할 수 없는 법정 태도를 생각해보면 실제로 그런 느낌이 강하다. 이런저런 피고의 태도를 되돌아보건대, 필자는 예전에 수많은 주의자·혁명가를 변호해왔으나 그런 수많은 피고 가운데 참으로 이상적으로 강하고 올바른 법정 태도를 끝까지 보인 사람은 얼마 되지 않는다.

가장 이론적으로 적의 권력기구를 철저하게 해부하고 그 계급성을 폭로하여 논리정연하게 재판관을 압도한 것은 쾰른 공산당사건에서 보여준 마르크스의 훌륭한 법정 태도였다.

종교적 정열로 재판관을 매료시키고 재판받는 자보다 재

판하는 자가 법에 더 사로잡히는 딱한 모습을 비웃은 것은 인도의 간디였다. 그는 이렇게 말했다.

"재판관님, 관을 벗으십시오. 그 관을 쓰고 있는 한, 제가 무슨 말을 해도 당신의 머리에는 들어가지 않을 것입니다. 관을 벗고 들으시겠다면 대답하겠습니다. 그런 다음 차분하게 이야기를 나눕시다."

라고 말해서 재판관을 아연실색하게 만들었다.

그러나 필자가 보아온 바에 의하면 그 어떤 추급에도, 질문에도 절대로 막히지 않고 종횡으로 재판하는 자의 질문을 받아 그것을 반대로 내던지는 전형적인 피고 태도의 훌륭함을 가르쳐준 것은 '예수 그리스도'였다. 예수는 스스로 이야기하라는 말을 듣자 스스로 말하기 전에 "너희는 나를 포박하기에 합당할 만큼의 증거를 가지고 있기에 포박한 것 아닌가? 나 스스로 이야기하지 않으면 나를 죄에 빠뜨릴 만큼의 증거를 가지고 있지 않다면 나의 포박을 풀게."라고 말해서 자백을 거부했다.

너는 어떤 말로 민중을 선동했느냐는 질문을 받자, "나는 모든 사람들에게 이야기했다. 모든 사람들이 들었다. 모든 사람들에게 이야기한 나의 말을 한마디라도 들은 모든 사람들이 어떻게 이해했는지는 내 알 바가 아니다. 내가 한 말이 좋지 않았단 말인가? 그렇다면 내가 한 말에 민중을 선동하는 힘이 있든 없든, 좋지 않았다는 말인가? 하지만 민중을 선동할 힘이 없는 말에 어떤 탓할 점이 있단 말인가?"라는 말로 역습을 가한 뒤, "나의 말을 민중이 선동될 만한 것으로 들었다면 그것은 내 말의 본뜻과는 상관없이 민중이 들은 내 말이 민중들의 마음을 선동했다는 이유로 나를 벌하려는 것이겠지. 그렇다면 민중들에게 내 말을 어떻게 들었는지 잘 물어보기 바란다."

라고 말해 그 질문을 물리쳤다. 너와 함께 너의 가르침을 선전한 제자가 있지 않느냐고 묻자, "민중 모두가 나의 제자로 특별히 이름을 들 만한 제자는 없다."라고 대답해 어떤 비밀결사도 부정한 것 역시 그, 예수 그리스도였다.

'카이사르의 것은 카이사르에게로'라는 유명한 말과 함께 납세정책에 대한 비판을 요구하여, 어느 쪽으로 답을 하든 죄를 인정하게 하려 했던 덫에도 걸리지 않았던 예수의 교묘한 답변에는 세상의 어떤 논리학자도 찬탄을 금하지 못할 것이다.

또한 누구도 벌하는 것 외에 심판의 여지가 없으리라 여겨졌던 간음한 여인을 돕기 위해 "너희 가운데 죄 없는 자가 이 여자를 치라."고 말해 벌하듯 심판했으나, 실제로는 벌을 가하지 않는 교묘한 구원을 기술적으로 실천한 것도 예수였다.

예수의 말에 대한 신의 증거를 요구하자 "너희는 무엇을 증거로 내게 내 말의 증거를 요구하는 것이냐?"라고 반문하고 그들이 그 증거를 대지 못하자, "너희가 내게 내 말의 증거를 요구하는 바를 설명하지 못한다면, 나 역시 내 말을 증명할 필요가 없다."고 답해 랍비의 말문을 막히게 한 것도 예수 그리스도였다.

예수의 선전이 과격하다고 비난하는 언론 자유에 대한 폭압에 대해서 "내가 그렇게 외치는 언론의 자유를 탄압한다면 돌이 날아올 것이다."라는 말로 언론 자유에 대한 탄압은 폭력혁명을 도발할 것이라고 갈파하여 로마 정부에 역습을 가한 예수 그리스도의 법정 투쟁은 현대에도 배워야 할 점이 많다.

나는 먼 옛날부터 이어온 법정 투쟁의 역사 가운데 예수 그리스도만큼 교묘한 전술을 종횡무진으로 전개한 사람은 아무도 없었다고 생각한다.

그에 비하자면 예로부터 많은 사람들이 칭송해오고 있는 소크라테스의 법정 태도 등도 매우 성실하고 또 극명하기는 하지만, 기술적으로는 세련된 면이 전혀 없다.

필자는 법정 전술론자(戰術論者)로서 언제나 예수 그리스도의 법정 태도를 연구해왔는데, 모든 혐의사건에 무죄 증거가 넘쳐날 정도로 증명되었음에도 그것은 필자의 피고로서의 전술(戰術)이 교묘하기 때문이지 결코 혐의사실을 부정하는 것은 아니라는, 말도 안 되는 논리로 탄압적인 유죄판결을 언도받았다. 따라서 필자가 가지고 있는 그와 같은 피고에 대한 법정 태도관은 매우 준엄하고 고도한 것이라는 말을 들어왔는데, 여기서 소개할 박열 군의 법정 태도는 그러한 필자의 준엄하고 고도한 법정 태도관으로 봐도 참으로 훌륭한 것이었다.

돌아보면 20여 년 전, 아직 스물대여섯 살밖에 되지 않아 지식적으로도 많은 것을 배웠다고는 말할 수 없으며, 학문도 아직 미천했고, 인격적으로도 아직은 완성되었다고 말할 수 없는 청년 시절에 잘도 그런 법정 태도를 취했구나 하는 생각이 든다. 필자는 매우 극명하게 박열 군의 법정 태도를 항목별로 기술하도록 하겠다.

2. 경찰에서의 피고 태도

보호검속이라는 행정집행법 적용으로 검속된 박열 군에 대해, 경부보 가운데 한 사람이 대역사건의 실마리를 이끌어내려 심문했으나 그 기록은 완전히 백지다.

박열 군은 말했다.

"나는 보호를 위해서 검속된 것이지 범죄에 대한 사실을 조사받기 위해서 검속된 것이 아니다. 보호를 위해 검속한 나에 대해서, 경찰관에게 범죄를 조사할 권한은 발생하지 않는다. 법에 의해서 보장된 권한에 의해서만 범죄를 조사할 수 있는 것이 경찰관의 입장 아닌가? 또한 법에 의해서 보장된 경찰관에게만 범죄를 취조받는 것이 국민의 의무다. 법에 의해서 보장받지 못한 경찰관으로부터 법에 의해서 보호받고 있는 내가 범죄사건을 취조받을 의무는 없다."라고 항의하여 한마디 대답도 하지 않은 것이 제1회 경찰 취조에서의 답변 태도였다.

이번에는 행정집행법을 적용한 보호검속이 끝나자 경찰범 처벌령에 의해 구류 29일을 언도한 뒤, 다시 사법경찰관이 박열 군을 취조하려 했다. 그때에도 박열 군은 말했다.

"나는 이미 경찰범 처벌령에 의해 구류를 언도받은 기결수다. 기결수에 대해서 다시 취조를 하겠다는 말이냐? 다시 취조를 해야 할 정도의 실수가 있었다면 즉시 구류 언도를 취소하도록 하라."

라고 역습을 가하고 사법경찰관이,

"구류를 언도한 경찰범 처벌령 이외의 사건으로 취조를 하고 싶다."

고 말하자,

"그렇다면 그 취조에 응하든 응하지 않든, 그건 내 자유다. 나는 응하지 않겠다. 자유를 주장하겠다."

고 콧방귀도 뀌지 않으며 그 취조를 거절해서 경찰 관계에서는 단 1장의 조서도 작성하지 못하게 했다. 박열 군의 피고 태도는, 수많은 독자 가운데 경찰의 취조를 받은 경험자도 있을 것이고, 또 경찰의 취조가 얼마나 음험하고 악랄한 것인지를 친구나 지인이나 일족에게서 들은 사람도 있으리라 여겨지는데, 박열 군과 같은 피고 태도를 견지하여 경찰관에게 조서 1장 쓰지 못하게 한 피고 태도를 끝까지 지켜낸 사람이 과연 얼마나 될까?

3. 검사국에서의 피고 태도

박열 군의 대역사건은 우선, 대체로 관계자에 대한 경찰서와 검사국의 취조 기록이 근거가 되고 있다. 박열 군과 후미코 씨 두 사람 이외의 관계자는 모두 경찰서나 검사국 관계의 조서를 작성했다. 그러나 박열 군과 후미코 씨 두 사람만은 검사국의 청취서도 전혀 작성하지 못하게 했다. 이는 역시 검사국의 피고사건 취조 권한이 보장되어 있는 것은 현행범뿐이고, 현행범 이외의 사건에 대해서는 단지 수사처분으로 관계자 모두가 임의진술하는 경우가 아니면 아무리 검사라 할지라도 청취서를 작성할 권한이 없기 때문이다. 그런 이유로 청취서라는 제목이 붙은 조서 가운데 잘 이해할 수 없는 부분이 있어서 검사가 의문을 품고 질문한 것 때문에 조서가 무효가 되어버린 판례까지 있다. 사법 제도가 점점 봉건적인 전단주의와 음험하고 비겁한 법률론을 파쇼화 하게 된 후부터, 그 질문을 피고의 임의진술에 대한 해명이라고 억지를 부려서, 임의가 아닌 진술을 강제하는 의미의 질문이 아니니 부당하지 않다는 이유로 문답조서를 유효한 것으로 삼은 적도 있으나, 어쨌든 올바른 해석에 의하면 처음부터 적극적으로 공술을 부정하면 검사에게 질문권은 없을 터다.

그러한 법률관계를 이미 연구해두었던 박열 군이 처음부터 검사의 강제 심문권을 부정하고, 스스로 임의진술을 하지 않는 한 청취서를 작성할 권리는 없다고 주장하며 절대로 검사의 심문에 응하지 않고 이를 거절하여 1장의 검사 청취서도 남기지 않은 피고 태도 역시, 법률 전문가가 아닌 박열 군이 거기까지 잘도 법률을 해석하고 또 적절하게 응용하여 검사의 집요한 청취 질문을 거절한 것이라고 생각한다. 여기서도 박열 군에게 강인함과 이론의 섬세함과 풍부한 응용의 재능이 있음을 엿볼 수 있으니, 독자 여러분께서는 그 사람됨을 추측하실 수 있을 것이다.

4. 예심에서의 피고 태도

예심에서는 정열도 완전히 바뀌어버리고 만다. 법률관계

도 경찰서나 검사국과는 달라서 피고가 답변에 자유롭다고는 말할 수 없다. 법률상 대답해야 할 것에는 대답을 하고, 대답할 필요가 없는 것에는 대답하지 않는, 합법적 선을 어디까지나 준수하지 않으면 안 된다.

그런데 박열 군의 예심 제1회 조서를 살펴보면 참으로 재미있다.

"성명은?"

이라는 질문에 대해서,

"본명은 박준식, 통명(通名)은 박열."

이라고 명쾌하게 답해서 한 번 더 물어볼 필요가 없을 정도의 명쾌함을 보였다.

"나이는?"

"25세, 1902년 2월 3일생."

"족칭(族稱)은?"

이라고 묻자,

"신평민(新平民)."이라고 말하고 웃었다.

"신평민이란 무슨 말인가?"

라고 추급하자,

"그건 아마도 신부(新附)[4]의 평민이라는 뜻이겠지."

라고 농쳐서 제대로 상대하지 않았다.

---

4) 새로이 따르게 된 부하라는 뜻으로 일제시대에 조선을 일컫는 말로도 쓰였다.

문 : 직업은?

답 : 잡지발행인.

문 : 잡지의 명칭은?

답 : 후토이센진(太い鮮人)[5]

문 : 그 의미는?

답 : 일본의 관헌이 우리 조선 독립운동자들을 불령선인
(不逞鮮人)[6]이라 부르기에 그 불령선인과 발음이 비슷한
후토이센진(太い鮮人)이라는 뜻이다.

문 : 주소는?

답 : 도쿄 부 도요타마 군 요요하타마치 요요기 도미가야
1474번지

문 : 이미 거기에는 주소가 없다고 하던데?

라고 판사가 반문하자,

답 : 내 의지로 없앤 것이 아니다. 누가 나의 주소를 빼앗
은 것인지는 모르겠으나, 어떤 사람이 빼앗든 나는 나의 주
소를 마음속에서 지키고 있다.

---

5) 뻔뻔스러운 조선인이라는 뜻.
6) 일본어 발음은 후테이센진. 불온하고 불량한 조선인이라는 뜻.

라고 역습했다.

　문 : 본적은?

　답 : 조선 경상북도 문경군 마성면 오천리 98번지.

　문 : 출생지는?

　답 : 본적지와 같다.

　문 : 지위, 훈장, 종군휘장, 연금, 은급, 혹은 공직을 가지고 있는가?

　답 : 그런 걸 내게 준 기억이 있단 말이냐?

라고 답해서 판사를 쓴웃음 짓게 만들었다.

　문 : 형벌에 처해진 적 있는가, 없는가?

　답 : 멋대로 검속이네 구류네 하는 탄압을 받은 적은 있으나 정식으로 형벌 등을 언도받은 적은 없다.

　문 : 피고는 내지(內地)[7]의 말에 정통한가?

　답 : 내지어라는 건 모르겠지만 일본어라면 잘 알고 있다.

라고 말해서 시작부터 조선병합과 조국 강탈에 항의했다.

---

7) 일제시대 때 일본인들이 식민지에 대해서 일본 땅을 일컫던 말.

문 : 피고는 가네코 후미코와 동거하고 있는가?

답 : 부부니 동거하고 있다.

문 : 그렇다면 신고는 했는가?

답 : 신고하지 않았어도 부부는 부부다. 신고는 지금이라도 할 수 있다.

문 : 피고는 다른 동지들과 함께 불령사(不逞社)를 조직했는가?

답 : 나는 동지에 관한 일은 더 이상 말하지 않기로 했다. 경시청이나 검사국의 관리들은 내게 반역죄가 있다며 스파이 근성을 발휘하여 2, 3개월이나 전부터 불령사에 대해서 알고 있었으면서 영업적 심리로 불령사의 움직임을 가만히 바라보았으니 그 전부를 알고 있을 것이다. 그건 이번에 검속되고 구류된 후, 그들이 보여준 태도로 잘 알 수 있었다. 게다가 처음부터 불령사에 대해서 어떤 적법한 조치도 취하지 않은 것이 그들의 수법이다. 나는 조선에서 태어나 조국을 빼앗겼기에 이런 곳에 구속되어 있지만, 참으로 불쾌하다. 하지만 그건 약하기 때문이다. 그러나 일본의 국가가 아무리 강하다 해도, 권력을 등에 업고 있다 해도 약한 내가 하고 싶지 않은 말을 하게 할 수는 없을 것이다. 나는 동지에 관해서는 말하지 않기로 했다. 그러니 나만의 일에 관해서라면 지금부터 말을 하겠지만, 동지에 관해서는 묻지

말기 바란다.

라고 답해서 결국 불령사 사건은, 사건에 관련된 동지 12명의 기소를 면소(免訴)케 하였는데, 이는 박열 군의 피고 태도가 동지에 관한 심문을 완강히 거절하여 그 비밀을 이야기하지 않았기 때문이었다.

그런데 재미있는 것은 "나만의 일에 관해서라면 말하겠다."고 했는데, 그것과 관련해서 판사와 약속한 조건이 굉장하다는 점이다.

"내가 우리들의 사건에 관한 일만은 말하겠다고 한 것은 질문에 대해서 답을 하겠다는 의미가 아니다. 우리 조국 조선을 강탈한 강도 일본에 대한 증오의 감정을, 너의 질문에 따라서 일본 국민, 일본의 천황에게 알리겠다는 의미다. 우리는 불행히도 사건 미수로 잡히고 말았으나, 조선의 민족은 모두 우리와 마찬가지로 조국 조선의 강탈을 저주하고 일본의 강도행위를 증오하고 있으니 앞으로도 속속, 누가 우리들과 같은 일을 계획할지 모를 일이라는 사실을 판사를 통해서 일본의 천황에게 알려, 하루라도 빨리 강탈한 우리 조국 조선을 반환하지 않으면 언젠가 한번은 반드시 목숨을 잃게 될 것이라는 사실을 알리기 위해서이다. 나의 이런 말을 내가 말한 대로 기록하겠다고 약속하라. 내가 한 말을 들은 대로 적지 않고 서기 마음대로 적거나, 내가 한 말을 판사가 제멋대로 해석해서 서기에게 적게 하는 것에는 반대한다. 전부를 내가 말한 그대로 적을 것, 적은 내용을 나중에 읽어보고 잘못이 있으면 언제라도 정정케 하겠다는 것을 조건으로 받아들인다면 이야기를 들려주겠다." 라는 것이 박열 군의 예심에서의 법정 태도였다.

이와 같은 전제 아래서 박열 군은 과연 어떤 예심 공술을 했을까? 전후 17회에 걸친 진술 내용은 다음에 이야기할 사건의 진상과 관계가 있으니 독자 여러분도 꼼꼼히 읽어주시기 바란다.

5. 법정에서의 피고 태도

대심원의 특별법정, 이것이 바로 마지막 피고 태도다. 글자 그대로 마지막인 것은 특별사건은 1심뿐, 일단 선고가 내려지면 상소도 상고도 허용되지 않는 확정심의 법정이기 때문이다. 기요틴과 직결된 생명 말살의 사형루트다. 이 법정에서 보여준 박열 군의 피고 태도는 실로 재미있는 것이었다.

필자를 통해서 교섭한 요건을 말하자면, 첫째로 '나는 피고로 법정에 서는 것이 아니다. 재판관은 일본의 천황을 대표해서 법정에 서는 것이니, 나는 조선 민족을 대표해서 법정에 서는 것이다. 일본의 재판관이 일본 천황을 대표한다며 법관을 쓰고 법의를 두르고 있으니, 나도 조선 민족을 대표하는 입장에서 조선의 왕관을 쓰고 조선왕의 옷을 두르는 것을 허락해주었으면 한다.'는 것이 첫 번째 조건이었다.

두 번째 조건은 자신이 법정에 서는 취의(趣意)를 먼저 선언하게 하라는 것이었다.

그것은 피고로 법정에 서는 것이 아니라 조선 민족을 대표해서 일본이 조국 조선을 강탈한 강도행위를 탄핵하기 위해 법정에 서는 것이니 재판관이 일본의 천황을 대표해서 박열 군의 질문에 답하라는 내용의 조건이었다.

세 번째 조건은 일본어는 사용하고 싶지 않다. 조선어를 쓰게 해달라, 조선어로 말하고 싶다는 것.

네 번째 조건은 일본의 법정이 일본의 천황을 대표하는 것이라며 재판관이 높은 곳에 있다. 일본의 천황에게 재판을 받는 피고는 낮은 곳에 서게 된다. 그러나 나는 그 피고와 다르니 자신의 자리를 판사의 자리와 동등한 높이로 해달라는 요구였다.

이 요구는 결국 필자의 중개적 절충에 의해서, 첫 번째 조건인 왕관을 쓰고 왕의 옷을 입고 법정에 서겠다는 것은 동의를 얻었기에 박열 군의 피고 복장은 당시의 사진에도 있는 것처럼 조선의 왕관을 쓰고 왕의 옷을 입은 것이었다.

두 번째 조건인 피고로 법정에 서는 것이 아니라 조선 민족을 대표해서 법정에 서는 것이라는 주장에도 동의케 하여 당당하게 이를 선언했다.

그러나 세 번째 조건인 조선어로 이야기하는 것은, 통역을 두면 오히려 일이 복잡해지고 뜻을 다하지 못한다는 이유로 철회되었으며,

네 번째 조건인 피고석을 판사와 대등하게 하는 문제는 받아들이고 싶지만 세상이 시끄러워질 테니 참아달라고 청한 재판장의 입장을 헤아려서 철회했으나, 이렇게까지 단호한 피고 태도를 취한 법정 투쟁은 거의 볼 수 없는 것이라고 해도 좋을 것이다. 게다가 그런 교섭 전부가 얼마나 논리적이고 그 교섭이 얼마나 교묘한 것이었는지는 마침내 대심원의 특별재판에 부쳐진 후, 수명판사(授命判事)인 이타쿠라 마쓰타로(板倉松太郎)가 박열 군의 신체 · 정신 현상을 감정하고 싶다며 감정을 명하자 감정의인 스기타 나오키(杉田直樹) 박사의 감정을 거절했을 때의 거절 태도를 보면 참으로 명쾌하게 알 수 있다. 다음에 그 한 구절을 소개하겠다.

6. 감정의 거절

「박준식은 감정인에 대해서 감정을 받지 않겠다고 거절했다. 따라서 그 신체의 현재 증상을 검진할 수는 없었지만, 외견상 건강한 듯 보인다. 이 점에 관한 감정인과의 문답을 기재해두겠다.

박준식이 말하기를,

"나는 지금 건강하기 때문에 의사의 진단을 받을 필요를 느끼지 못한다. 또한 설령 내가 질병이 있어서 진찰을 받아야 한다 할지라도 진찰을 받은 후에 질병을 치료할 권능을 가진 자가 아니라면 진찰을 받을 필요는 없다. 감정인에게는 투약, 섭생, 그 외의 적당한 요법을 허락받은 직책이 없질 않은가?"

라고 말해, 몇 번이나 진찰을 요구했으나 여기에 응하지 않았다.

그리고 그 이유를 부연해서 말하기를,

"감정인은 재판소의 촉탁으로 감정을 온 자이다. 감정인은 형무소의 직원이 아니고, 형무소의 직원이 아니기 때문에 피고에게서 질병이 발견되어도 탕파 하나, 우유 한 병도 줄 권능이 없다. 그런 자의 진찰을 받는 것은 내게 아무런 이익도 없다. 따라서 나는 이를 거절하겠다."

라고 말해 그 진찰을 거절했다.

"대심원에서 앞으로 감정을 거부하겠다는 당신의 신청을 받아준다면 저도 감정을 그만두겠지만, 만약 대심원에서 당신의 감정 거부 신청을 받아주지 않는다면 감정을 받아주지 않겠습니까?"

"나의 의지는 어디까지나 감정을 거부하겠다고 확정되어 있으니, 대심원에 감정을 거부하겠다는 하신서(下申書)를 제출한 것은 내 의지를 대심원에 통보한 것에 지나지 않는 일이다."

"하신서가 뭡니까?"

"일반적으로는 상신서(上申書)라고 하는데 그건 말씀을 올린다는 뜻이니, 나는 대심원에 말을 내린다는 뜻으로, 말을 건넨다는 의미에서 하신서라고 한 것이다."

"알겠습니다. 어째서 감정을 거부하시는 것입니까? 어쨌든 그 이유를 저도 알아들을 수 있게 설명해주시기 바랍니다."

"그건 재판소가 명한 일이기 때문이다. 자기들 마음대로 조사하고 싶은 것을 조사하기 위해서."

"재판소에서 명한 일은 어째서 안 된다는 것입니까?"

"나는 재판소를 처음부터 인정하지 않았다."

"하지만 감정과 재판은 다릅니다. 감정은 단지 당신의 건강상태를 진찰해보겠다는 것일 뿐입니다."

"그 점은 잘 알고 있다. 너희들이 진찰하지 않아도 내 심신은 모두 건강하다. 몸도 이렇게 건강하고 정신도 미치지 않았다. 무슨 필요가 있어서 일부러 감정을 하지 않으면 안 되는 것이냐? 그런 이해할 수 없는 일을 하는 대심원 판사의 심리야말로 감정할 필요가 있는 것 아니냐?"

"하지만 어떤 병이 있으면 앞으로의 심리를 진행하는 데 참고가 되기 때문일 것입니다."

"심리를 하는 데 내 건강이 어떤 문제가 된다면, 나를 절대 건강체로 보고 심리를 해도 조금도 상관없다. 내가 도중에 쓰러질 일은 절대로 없을 것이다."

"당신은 개인으로서의 감정인인 스기타를 거부하는 것입니까?"

"그건 아니다. 감정인을 바꾼다 해도 감정은 거부할 것이다. 네가 그런 것을 걱정할 필요는 없다."

"그렇다면, 감정 이외의 일이라면 저와 이야기를 나누겠습니까?"

"내가 원하는 일에 대해서만은, 개인으로서의 자네와 이야기를 나눌 수 있다. 하지만 자네의 모든 질문에 답하겠다고 약속할 수는 없다."

"저는 의사인데, 당신은 저를 이용해서 당신 몸의 병, 혹시 병이 있을 경우의 이야기이지만, 병의 치료를 제게 맡겨

보겠다는 의지는 없으십니까?"

"내가 자네를 이용할 수 있다면 한 가지 부탁이 있다. 그건 자네의 특별한 기능으로, 조금 전에도 말한 것처럼 대심원의 판사·검사와 그 외 직원들의 정신상태를 먼저 감정해서 내게 가져와 보여주었으면 하는 것이다. 그런 다음 그것의 작성이 만족스럽다면 자네에게 감정을 받아볼지도 모를 일이니."

"하지만 약속을 이행할 때는 전후의 순서를 지키지 않으면 안 되니 당신의 감정을 먼저 하고 싶습니다만, 어떻게 생각하십니까? 그런 다음 당신이 의뢰하신 감정을 받아들이겠습니다."

라고 스기타 감정인이 교묘하게 감정 거부를 풀려했으나,

"그건 구실에 불과하다. 어쨌든 나는 너에게 내 감정을 부탁하지는 않을 것이다."

"하지만 당신은 오쿠사(大草) 보건기사에게는 몸의 진찰을 받았다고 하던데요."

"그건 내 몸이 좋지 않았을 때, 내가 먼저 청해서 진찰을 받은 것이다."

"앞으로 당신 몸이 좋지 않을 때는 제가 와서 진찰을 하고 싶은데 어떻게 생각하십니까?"

"그때는 진찰을 받을지도 모르겠다. 하지만 자네는 형무

소에 내게 투약을 하게 하거나, 탕파를 허락하게 하거나, 담요를 더 지급하게 할 권능을 가지고 있는가? 없지 않은가?"

"그런 권능은 부여받지 못했습니다."

"그렇다면 부탁해도 소용없는 일이겠군. 아무런 도움도 되지 않는 의사에게 진료를 받아봐야 아무런 의미도 없을 테니."

"이럴 때의 감정은 오히려 당신에게 도움이 될 것이라고 저는 생각하는데, 당신 생각은 어떻습니까?"

"도움이 되다니, 무슨 소린가? 나는 일본의 재판소로부터 은혜를 입어야겠다고는 조금도 생각지 않고 있다. 나는 살해당해도 상관없다. 일본의 황실이나 일본 민족에 대해서 나는 불령한 일을 꾀했다. 거기에 분노해서 일본인이 복수적으로 나를 살해하겠다면, 책형을 가하든 무슨 형을 가하든 마음대로 하라고 하게. 나도 복수를 위해서 좋지 않은 일을 꾀했으니 그건 서로 마찬가지일세. 그러나 나를 법률로 재단해서 형에 처하겠다는 것은 당치도 않은 얘기다.

타인을 재판한다는 것이, 그것도 멋대로 정한 법률로 타인을 재판한다는 것이 내 마음에 들지 않는 점이다. 나는 일본 법률의 심판을 받고 싶지 않다. 나는 일본의 재판소를 무시하고 있다. 그렇기에 나는 그 입장을 분명히 하기 위해서 너의 감정을 거부하는 것이다. 이 정도의 논리는 알아들을 법도 한데. 내가 전에 써두었던 논문을 자네에게 한번 들려주도록 할까?"

이렇게 말하고 피고는 이때 간수장의 허가를 얻어 감방으로 돌아가 원고지 80매 정도 묶은 것을 가지고 나와 감정인 들에게 읽어주었다. 그 글은 일본국가가 제정한 법률 및 그 수속은 조선인인, 자연인인 피고에게는 아무런 의의도 없는 것으로 피고는 이를 인정하지 않는다는 내용이었다.

그 외에도 이와 비슷한 문답을 되풀이했을 뿐, 감정인이 피고에 대해서 여러 가지 연락, 위무, 의뢰, 권청 등 온갖 말을 다하였으나 끝내 감정을 승낙 받지는 못했으며 심지어는,

"내가 감정을 거부해서 자네가 재판소의 촉탁에 응할 수 없게 되었으니, 박열이 감정에 응하지 않기 때문에 감정을 할 수 없다며 자네도 재판소를 향해 감정을 거절한다면 재미있을 것일세."
라고 말하는 상태로, 피고의 명석함은 도저히 보통 사람이 제어할 수 있는 것이 아니었다.」

이렇게 기술해서 박열 군의 두뇌 명석, 태도 엄정, 논리 정연한 취조 태도를 경탄했다.

7. 증인과 동지를 위하여

더욱 특필하고 싶은 박열 군의 법정 태도는 반드시 동지를 지키기 위해서 이야기하고, 또 동지를 지키기 위해서 이야기하지 않았다는 점이다.

폭탄 입수를 위해 박열 군과 김한(金翰) 군 사이를 오간 편지를 배달했던 이소홍(李小紅) 씨의 법정 태도와 관련해서 그 일단을 엿볼 수 있는 예심조서를 발췌해보기로 하겠다.

문 : 증인은 김한을 알고 있는가?

답 : 알고 있소.

문 : 증인은 박열을 알고 있는가?

답 : 내 박열을 2번 만난 적이 있으니 알고 있소.

문 : 증인은 박열로부터 무엇인가 부탁을 받은 일이 있지 않은가?

답 : 부탁받은 일은 아무것도 없소.

문 : 증인은 박열로부터, 박열과 김한 사이를 오가는 편지를 배달해달라는 부탁을 받은 적이 없는가?

답 : 그런 일 없었소.

문 : 그 배달을 하지 않았었나?

답 : 그런 일 없었소.

문 : 하지만 박열은 증인에게 부탁해서 그 배달을 하게 했다고 말했는데, 어떻게 생각하는가?

답 : 박열이 어떻게 말했든 나는 그런 일을 부탁받은 적 없소.

문 : 박열은 이렇게 말했는데, 어떻게 생각하는가?

라고 말한 뒤, 예심판사는 박열 군이 김한 군과의 폭탄 입수에 관한 편지의 배달을 이소홍 씨에게 부탁했다고 진술한 내용을 읽어주었다.

답 : 그런 내용을 들려주어도, 누가 무슨 말을 해도 나는 부탁받은 적이 없다고 단언할 수 있소.

이에 예심판사는 박열 군을 법정으로 불러들여 박열 군으로부터 일단 이소홍에게 말을 해달라고 부탁했다.

그러자 박열 군은,

"그럼 이소홍 씨에게 나의 입장을 일단 설명해서 이소홍 씨의 기억을 환기시켜보기로 하겠다."

고 말하고 이소홍 씨에게,

"이소홍 씨, 저는 이번에 당신에게 조선에서 멀고 먼 도쿄까지 어려운 걸음을 하시게 한 일을 매우 죄송하게 생각하고 있습니다. 예심 중이기에 제 사건의 내용을 당신께 이야기할 수는 없지만, 제가 이처럼 일본의 피고가 된 것에 대해서는 잘 헤아려주시기 바랍니다. 그건 제가 어떤 목적을 위해서 어떤 친구에게 폭탄을 손에 넣게 해달라고 부탁한 일 때문입니다. 그런데 그 친구가 어떤 여성과의 관계로 제 계획을 그 여성에게 알렸기 때문에 저는 일이 폭로될까 두려워 그 친구에 대해서 폭탄 의뢰를 거절했습니다. 그러나 그 여성이 어떤 관계에서인지, 제가 그 친구에게 폭탄 입수를 부탁한 사정을 관헌에 누설한 듯합니다. 그 때문에 저는 잡히게 되었고 이렇게 조사를 받게 된 것입니다. 그리고 그 조사를 받는 동안 저와 후미코 사이의 의지 연락이 끊긴 점도 있고, 아울러 저는 일본의 재판관에게 외국에 있는 동지와의 연락을 어느 정도까지 이야기하지 않을 수 없는 처지가 되었기에 저와 김한 군의 관계에 대해서 이야기했고, 그 결과 마침내는 당신의 이름을 재판관에게 말하지 않을 수 없었던 것입니다. 당신이 저와의 약속을 지키기 위해 제가 의뢰한 일을 완강히 부정하는 것은 장한 일입니다. 그 굳은 절조에 대해서는 참으로 감사하다고도, 또 과분하다고도 여겨질 정도로 당신은 훌륭하십니다. 그러나 지금 그 사실을 당신이 말씀해주시지 않는다면 저는 20명 가까운 동지들에게 피해를 주게 됩니다. 20명 가까운 동지들은 지금 구속되어 있습니다. 그 사람들에게 피해를 주지 않기 위해서는 제가 부탁한 절대 비밀을 깨고 당신께서 있는 그대로의 사실을 말씀해주시지 않으면 안 될 입장에 제가 서게 됐습니다. 모쪼록 이러한 사정을 고려하시어 저와 김한 군 사이에서 편지를 배달해주셨던 사실을 이야기해주십시오. 저는 저 자신을 아끼기 위해서 이런 말을 하는 것이 아닙니다. 친구를 아끼기 때문에 이렇게 말하는 것입니다. 제가 당신께 이런 말을 하는 것은 참으로 죄송스러운 일입니다. 게다가 일본의 재판관 앞에서 이런 말씀을 드려, 형식적으로는 일본 재판관의 일을 제가 돕는 모양새로 당신께 이런 부탁을 하는 것은 참으로 괴로운 일입니다. 그러나 동지들의 운명을 생각하면 당신께서 말씀을 해주실 수밖에 없다는 사실만은 말씀을 드리겠습니다. 그것으로 인해 당신께 폐를 끼칠 일은 없으리라 생각하니, 잘 부탁드리겠습니다."

라고 말했다.

이에 예심판사가 이소홍에게 다시 물었다.

문 : 어떤가? 박열의 말을 이해했으리라 생각하는데, 편지에 대한 기억을 환기시켜주기 바란다.

답 : 그럼 편지봉투의 색깔은 어떤 것이었습니까?

박열 : 여성용 색의 봉투였습니다.

답 : 그것이라면 전한 적이 있소.

문 : 증인은 언제 박열로부터 그 편지를 부탁받았는가?

답 : 재작년, 솜 넣은 옷을 입고 있었을 때니 아마도 11월 쯤이었던 것으로 기억하고 있소.

문 : 증인은 그 편지를 김한에게 건네주었는가?

답 : 2번 온 것을 2번 건네준 것으로 기억하고 있소.

라고 이번에는 분명하게 답변했는데 예심판사가 끈질기게 자잘한 일들을 계속 묻자 이소홍은 역습을 가했다.

말하기를, "어째서 같은 내용을 몇 번이고, 몇 번이고 묻는 게요? 한 번 물어서 알게 된 사실에 대해서는 묻지 마시오."라고 끈질긴 질문을 물리쳤다. 그러자 이번에는 예심판사가 이소홍 씨에게 악의가 담긴 질문을 했다.

문 : 증인은 박열과 김한 사이에서 편지를 전한 적이 있으면서 처음에는 왜 그런 사실이 없다고 부인했는가?

라고 묻자 이소홍 씨는 아주 가볍게,

답 : 그건 당신의 판단에 맡기겠소. 그런 일은 묻는 게 아니오. 짐작이 가지 않소?

라고 말해서 21세의 조선 관기가 40세도 넘은 예심판사를 물리친 태도는 참으로 통쾌한 것이다. 또한 이때 박열 군이 점철한 법정 태도도 매우 절실한 것이라 여겨진다.

8. 괴사진 에피소드

다음으로 여기서 필자가 소개해두고 싶은 괴사진 문제가 있다.

괴사진이란, 박열 군과 후미코 씨가 대역사건의 공범자로 남감(男監)과 여감(女監)에 구치되어 절대로 의사소통도 면회도 허용되지 않고 재판소의 조사 때에도, 그를 위해 오갈 때에조차 절대로 격리되도록 다루어져야 함에도 불구하고 박열 군은 유유히 팔걸이 달린 의자에 앉아 있고 후미코 씨가 그 뒤에서 오른손으로 박열 군의 목을 안은, 화목한 부부애를 내보인 사진8)을 박열 군이 옥중에서 가지고 있었고 감옥 안의 친구였던 모씨에 의해서 그 괴사진이 옥 밖으로 반출되었는데, 그 사진을 예심판사의 방에서 예심판사가 촬영한 것이라는 이유 때문에 정쟁의 도구가 되었던 사

---

8) 우리에게 일반적으로 알려진 사진과는 내용이 다르다. 후세 변호사의 착각일까?

건이다.

실제로 누가 생각해도 있을 수 없는 박열 군과 후미코 씨의 부부애를 상징하는 옥중 포옹, 그것을 보란 듯이 촬영해서 사진이 되어 있으니 그 포즈도 그렇고, 또 촬영 순서도 그렇고, 장소도 그렇고, 인물들도 그렇고, 누가, 어떻게, 언제, 어디서 촬영한 것인가 하는 사진에 대한 기이한 의문이 이른바 괴사진이라는 이름으로 당시 센세이션을 불러 일으켜 결국 내각의 붕괴로까지 발전했다는 것이 참으로 필연적인 괴사진 사건의 개략이다.

그렇다면 대체 누가, 언제, 어디서, 이른바 괴사진이라는 것을 촬영한 것일까?

필자는 그 진상부터 분명하게 말하겠다.

괴사진이라 불리는 것은 박열 군과 후미코 씨의 법정 태도가 예심판사를 압도하여, 예심정에서 예심판사가 촬영한 것이다.

그 사정에 대해서 박열 군은 필자에게 이렇게 말했다.

예심의 취조가 끝난 어느 날, 예심판사도 무거운 짐을 내려놓은 듯한 기분으로 박열 군에게 홍차를 권했다. 그때 담당 검사가 들어와서 이런저런 이야기를 나누던 끝에 검사 쪽에 후미코 씨도 와 있는데 어차피 공판정에서 만나야 할 두 사람이니 미리 만나게 해주어도 상관없지 않느냐고 말해서 후미코 씨를 예심정으로 불러준 것이라고 한다.

그리고 점점 예심 중의 법정 태도와 조사에 임하는 모습과 그 가운데 점철된 사회문제와 인생문제 등을 화제 삼아 서로 마음을 터놓고 방담, 잡담의 꽃을 피우던 끝에 대체 인생이란 즐거운 것일까, 슬픈 것일까. 즐거운 것이라면 무엇이 가장 즐거운 것일까 하는 얘기가 나왔고 각자의 의견을 이야기한 뒤, 예심판사가 박열 군에게,

"자네, 지금 가장 갖고 싶은 것은 무엇인가?"

라고 묻기에,

"그야 말하지 않아도 뻔하지. 후미코일세."

라고 말했더니,

"그렇겠지. 후미코 씨도 역시 가장 갖고 싶은 것은 박열 군이겠지?"

라고 말해서 한동안 감탄에 젖은 모두의 편안함이, 그리고 박열 군이 팔걸이 달린 의자에 유유히 앉아 있는 뒤로 돌아간 후미코 씨의 그것이, 마침내 예심판사를 매혹시켜,

"잠시 그대로 있게."

라고 말하게 했고, 마침 가지고 있던 사진기로 촬영하게 된 것이 이른바 괴사진 촬영의 진상이다.

그 사진이 완성되었을 때 박열 군이 "제발……."이라고 말해서 받은 한 장을 옥중에 보존하고 있었는데 그것을 같

은 옥중에 있던 친구 모씨가 보고 옥 바깥으로 가지고 나와 정쟁의 도구가 된 것이다. 당초,

"그런 사진이 있을 리 없다."

며 에기(江木) 법무상은 이를 박열 군과 후미코 씨의 사진이 아니라고 부정했으며, 예심판사도 역시,

"모른다."

고 시치미를 뗐다.

그런데 추급이 점점 심해져 박열 군에게 직접 확인하게 되었는데 박열 군이 사진 촬영 당시의 실정을 분명하게 말하고 틀림없이 자신과 후미코의 사진이라는 사실을 증언했기에 그 에기 다스쿠(江木翼)도 이를 끝까지 부정하지 못하고 내각의 붕괴에 이르기까지 정쟁의 파문을 일으킨 것이었다.

그 결과 당시의 지방재판소장은 예심판사에 대한 감독소홀로 징계재판에 부쳐졌으며, 예심판사도 당연히 징계재판에 부쳐지게 될 터였으나 일찌감치 사직해서 그 책임을 면한 경위가 이른바 괴사진의 에피소드이다.

여기서 필자는 이 괴사진 사건이 당시의 정국을 얼마나 뒤흔들었으며, 결국은 내각을 쓰러뜨리기까지에 이르렀는지 그 파문을 엿볼 수 있는 자료로 필자가 잡지 『개조(改造)』에 실었던 글 하나를 전재하기로 하겠다.

괴사진 사건의 주점(主點)과 비판

1

　오늘까지 문제되고 있는 괴사진 사건의 주점은 이른바 괴사진의 촬영 태양(態樣)과 외부 반출 경로다. 괴사진을 찍기에 이른 사정 및 동기와 그 괴사진에 찍힌 박열·후미코의 사람됨이나 그 괴사진을 찍은 예심 5호정에 어떻게 해서 괴사진의 주인공들이 들어가게 되었는지는 그다지 문제가 되고 있지 않은데, 나는 괴사진 사건을 진심으로 문제 삼고 싶다면 저급하고 무기력한 정쟁의 도구로 삼고 있는 촬영 태양과 외부 반출경로만 문제 삼는 데 그치지 말고, 보다 강하고 보다 커다란 문제로 삼아야 한다고 생각하며 그를 위한 주점을 제공하고 싶다.

　말할 필요도 없이 박열·후미코 부부의 대역사건은 범죄 조사 권한을 전부 가지고 있는 관헌 당국 이외에는 누구도 이를 알 수 없다. 하지만 나는 박열을 알고 있었다. 후미코도 알고 있었다. 마침내 공판이 시작 된 뒤, 변호인으로서는 사건의 내용을 가장 잘 알 수 있었다. 그리고 박열·후미코 부부 두 사람의 인품을 알고 있는 만큼 사건의 공술에 표현된 사실 내용의 진상도 알고 있고 기분도 알고 있다.

할 수만 있다면 나는 그 모두를 이야기하고 싶다. 그것은 결코 박열·후미코를 위해서가 아니다. 전 일본 국민을 위해서다. 전 국민을 위해서다. 다행히 그것을 이야기해서 참으로 이 사건의 내용을 이해해주신다면 그보다 더 기쁜 일도 없을 것이다. 그리고 박열·후미코를 벌할 수 있다면 일본의 법률과 함께 전 일본 국민이 대역범인 박열·후미코를 벌하기 바란다. 또한 다행히 박열·후미코가 용서를 받는다면 폐하의 은사 이상으로 전 신민(臣民)과 함께 진심으로 이들을 용서하기 바란다. 나는 진심으로 사건의 진상을 이야기하고 싶다. 하지만 그것은 허락되지 않을 것이다. 나는 이렇게 말한 적이 있었다.

"대역죄라고 이름 붙여진 피고 사건은 언제나 그 재판의 공개가 금지되어 어둠에서 어둠으로 묻혀버리고 만다. 예심 심리의 불충분을 지적하는 증거 신청 또한 언제나 필연적으로 기각되어 사건의 진상이 천명(闡明)하게 밝혀지지 않고, 검사의 구형은 형법 73조 법정의 사형이며 재판소의 판결은 검사의 구형대로 반드시 사형이니, 대역 사건만큼 탄압적인 재판도 없다. 게다가 한번 선고가 내려지면 상소도 재심도 허락되지 않는다. 사형 집행과 함께 사실의 내용 발표는 사법성에서 한다고 하는데, 그들이 날조해낸 제조 범죄가 발표되는 것이라면 사건이 중대하기 때문이라며 대심원의 특별권한에 전속시키는 특별 판사의 의의는 대체 어디에 있는 것인지를 전혀 알 수가 없다."

따라서 이번 괴사진 사건에 대한 나의 야유를 말해보자면, 바로 그렇기 때문에 이런 괴사진 사건이 일어나는 것이라고 말하고 싶다. 그와 동시에 이제 그만 적당히 비밀주의의 저열함에 눈을 떠서 사건 전부의 내용을 공표하는 것이 어떻겠느냐고 말하고 싶다. 적어도 우리의 공표는 금지하지 않는 것이 어떻겠느냐고 말하고 싶다. 하지만 끝까지 비밀주의의 저열한 태도를 고수하리라 여겨지는 정부 관헌 당국은 우리의 요구를 받아들일 마음이 없을 것이다.

그러나 다행스럽게도 정부 관헌의 비밀주의는 자신들을 위한 비밀주의이지 사회를 위한 비밀주의는 아니다. 이번의 괴사진 사건으로 궁지에 몰리게 되자, 궁지에 몰리게 된 것에 대한 변명이 필요해졌기에 다른 사람들에게는 지키게 했던 비밀의 둑을 스스로 무너뜨려 꽤나 아슬아슬한 곳까지 발표했다는 점도 있다. 이에 나도 역시 관헌 당국에서 이미 발표한 정도를 벗어나지 않는 범위 안에서 그 진상을 공표하고 비판하기로 하겠다.

2

무엇보다 먼저 괴사진 사건의 주점이 되는 것으로 예심

판사가 피고인의 사진을 촬영하는 것에 대한 시비(是非)가 있는데, 사법 당국의 성명에 의하면 예심판사가 피고인의 사진을 찍는 일은 조금도 문제될 것이 없으며, 예심정에는 사진기가 갖추어져 있을 정도라고 한다. 물론 현재의 재판 심리에 관한 사진술의 응용은 극히 정교하고 또 필요 불가 결한 것이지만, 엄정한 법률해석으로 본 재판심리의 사진 술 응용은, 검증의 경우에만 한정되어야 할 것이다. 있는 그대로의 물적 증거를 보존하기 위한 검증조서로써 허용되 는 것이지, 그 외의 촬영은 허용되지 않는다. 게다가 그것 이 예심판사에게 허락되어 있는가 살펴보자면, 검증조서의 작성은 서기의 사무이지 판사의 사무가 아니다. 따라서 사 진기가 예심실에 갖추어져 있을 정도이니 예심판사가 피고 인의 사진을 찍는 것은 조금도 이상한 일이 아니라는 사법 당국의 성명은 인정할 수 없는 강변이자 궤변이다. 그럼에 도 불구하고 이러한 사법 당국의 강변, 궤변적인 성명을 보 다 심각하고 보다 중대한 문제로 삼지 않는 것은, 오늘의 정치인들이 사법재판의 실정을 잘 모르거나, 예심비밀의 거짓된 으름장에 압도당하고 있기 때문일 것이다.

여기서 괴사진 사건의 주점은 당사자인 다테마쓰(立松) 예심판사가 어째서 문제의 괴사진을 찍었는가 하는 문제로 진전해 나가는데 어떤 사람은 이렇게 말한다. 다테마쓰 예심판사가 자기 사건의 심리 중에 박열·후미코와 접촉하는 동안 솟아오른 인간적 우정의 따뜻함으로 매우 친밀해진 결과 직무를 완전히 떠난 인간적 우정의 호의로 촬영한 기념사진이라고. 하지만 내가 알고 있는 다테마쓰 예심판사는 결코 인간적 우정이 풍요로운 사람이라고는 여겨지지 않는다. 누가 어떤 말로 다테마쓰 예심판사의 우정을 떠들어대도 그 음험함은 박열·후미코와 함께 그의 취조를 받은 불령사 동인들의 일치하는 인상이었던 듯하다는 점은 어떻게 해볼 수 없을 것이다. 그와 동시에 나 역시 이렇게 말하고 싶다. 그런 것이 예심판사로서의 우정에 값하는 것이라면, 그것은 인간으로서의 우정이 아니라 예심판사로서의 우정일 것이라고. 이처럼 비꼬는 듯한 말은 그만두기로 하고, 나의 솔직한 소감을 일반적으로 말해보자면, 다테마쓰 예심판사는 피고의 인간적 감정을 교묘하게 이용하는 데는 뛰어나도, 피고인과의 사이에 인간적 감정을 느껴 호의를 품을 만한 사람은 아니라고 생각한다. 물론 그것은 다테마쓰 씨 한 사람뿐만이 아니라 오늘날의 관리 모두가 그럴 것이다. 왜냐하면 참으로 인간적인 감정이 서로 솟아오른다면 피고인이 자기 앞으로 보내졌을 때, 참으로 인간적인 감정이 한껏 솟아올라 그 피고를 용서함과 동시에 스스로 사직을 하게 될 것이라 여겨지기 때문이다. 그 정도의 일을 하지 못하는 판사에게는 함부로 피고인과의 인간적 우정을 운운할 자격이 없다고 나는 생각한다. 개인으로서는 가엾지만 죄는 벌해야 한다는 판검사의 동정론이나 감상론은 오히려 비웃어야 할 이중인격론이지, 참으로 순수한 인간적 우정을 피고와의 사이에서 싹틔우는 인격자의 태도는 아니다. 여기서 다시 다테마쓰 예심판사의 문제로 돌아가겠는데, 그는 이른바 괴사진 문제에 대해 호치(報知) 신문기자에게 대역사건 심리의 고난을 이야기하며 박열의 불령(不逞)함에 애를 먹고 있으며, 후미코의 난폭함에 어려움을 겪고 있다고 말했다. 그리고 괴사진 촬영 당시의 실황을 이야기하면서 그 불령한 박열이라는 말로 비난했으며 박열 부부 때문에 죽음에 이를 뻔한 적까지 있었다고 원망했다. 그의 말 뒤편 어디에 인간적 우정의 냄새가 있느냐고 묻고 싶다.

따라서 문제의 괴사진은 결코 다테마쓰 예심판사가 사건 심리 중에 박열·후미코에게 인간적인 우정을 느껴 호의로 기념촬영을 한 것이라고는 여겨지지 않는다. 과연 그렇다면 왜 찍은 것일까? 거기에 괴사진 사건의 주점이 있다. 괴사진 촬영의 책임문제에 대해서 다테마쓰 예심판사가 조슈 안나카(上州安中)에 있는 안가에서 호치 신문기자에게 이야기한 내용 가운데, '사진에 관해서는 내게 묻기보다 이마무라(今村) 소장이나 요시마스(吉益) 검사정에게 묻는 편이 더 빠를 것'이라고 말한 부분이 있는데, 만약 괴사진을 찍을 때부터 이마무라 소장이나 요시마스 검사정이 거기에 관여했다면 문제는 더욱 커진다. 내가 그의 사건 심리 중에 몇 번이고 다테마쓰 예심판사를 면회하여 그 진행을 재촉했을 때, 자신은 사건의 경과에 대해 어떤 말도 하는 것이 허락되어 있지 않으니 모든 것은 소장에게 물으라고 말해서 그 사건의 진행 전부를 소장의 지휘에 따르고 있는 것이라 여겨지게 한 점을 생각해보면, 다테마쓰 예심판사가 그 사진을 찍는다는 사실을 소장과 검사정도 알고 있었던 것이 아닐까 의심이 가기도 한다. 하지만 나는 굳이 그러한 추측을 해나가기보다, 매우 순수하게 사법 당국의 성명대로 다테마쓰 예심판사는 그 사건의 심리에 2년 동안이나 몰두했고 그 때문에 병에 걸렸다는 대역사건 심리의 고충에서 그 해답을 찾기로 하겠다.

3

아무리 커다란 사건이라 할지라도 참으로 허심하고 냉정하고 공평하고 엄정하게 사건의 심리를 진행한다면, 결코 그들이 성명이나 언명한 것처럼 특별히 고충을 토로하거나, 죽을 뻔했다는 원망의 소리를 입에 담아서는 안 된다.

나도 원래 사건에 열심히 임하는 편인데, 올바른 마음으로 사건의 진상을 올바로 천명하기 위한 노력은, 제아무리 커다란 사건에 제아무리 커다란 노력을 기울인다 해도 결코 그 때문에 고충을 수반하지는 않는 법이다. 오히려 엄숙한 책임감에서 오는 진지함에 비장한 직무희생에서 오는 만족스러움까지 솟아오르는 법이다. 그런데도 다테마쓰 예심판사는 피고인들이 고집스러워서 심리에 애를 먹었다는 둥, 불령한 태도로 난폭하게 구는 박열·후미코를 다루기 힘들었다는 둥의 말을 하니 대체 어떻게 해석해야 좋을지 모르겠다. 이것도 일반적으로 들을 수 있는 말인데, 피고인이라고 하면 곧 죄인, 대역죄인이라고 하면 곧 커다란 악당이라고 생각해버리는 일반인은 이른바 대역죄인 박열·후미코가 불령했다, 광포했다는 말을 그대로 받아들이고 있는 듯하지만, 사실은 죄인이라고 해서 반드시 악당은 아니며, 대역 피고인이라고 해서 반드시 늘 미워해야 할 커다란 악당도 아니고, 가엾게 여겨야 할 범인이자 죄인인 경우도 있고, 법률상으로 본 사건 미결의 피의자·피고인은 원래 죄인이 아니기 때문에 그들이 광포하고 불령하다면 그 광포함과 불령함을 징계하기 위해 그 사건과 상관이 없는 다른 제재 및 규제 방법이 있으니, 광포함과 불령함을 완화시키기 위해 심리상의 재량이나 편의를 봐주며 심리하는 것은 용납이 되지 않는 일이다. 그런데 박열·후미코가 정말로 광포하고 불령했는가 하면, 후미코는 진재 직후 요도바시(淀橋) 경찰서에 검속되었을 때, 그 고분고분하고 근면한 태도에 당시의 서장도 감탄했을 정도였으며, 이치가야 형무소로 옮겨진 뒤부터의 옥중 생활도 매우 고분고분했음은 부인공론에 발표된 옥중잡록의 부드러움이 이를 증명하고 있다. 그리고 내가 들은 박열의 성격에 의하면 안으로는 범할 수 없는 고상함과 강인함을 가지고 있지만, 밖으로 내보이는 언동에는 오만함과 고집스러움이 없었다. 어떤 자들은 공정(公廷)에 서기 위한 요구조건 가운데 조선의 예복을 착용케 해주지 않으면 법정에 서지 않겠다고 한 태도의 고집스러움을 지적하고 있는데, 그것은 결코 그의 고집스러움을 추단하기 위한 재료가 되지 못한다. 내면적으로 사색하는 조선인으로서의 사상 문제이지, 외면적 언동의 광포하고 불령한 행위의 문제는 아니었다. 특히 만유생물 절멸의 허무사상에 물들었다는 박열·후미코는 가장 높은 권위자의 파괴적 행위에 대해서는 강렬하게 맞섰을지 모르겠으나, 용납할 수 없는 부자유의 경지에 대해서는 무엇 하나 요구하지 않고 오히려 뒤로 물러나 체념하고 스스로를 자제하는 순종적인 모습이 있었을 것이라 여겨진다.

따라서 예심판사나 사법 당국의, 예심정에서 보여준 박

열·후미코의 광포하고 불령한 태도 때문에 그들을 달래고 그들을 농락하기 위해 그 사진을 찍은 것이라는 말은 단언컨대 허위이자 사실이 아니라고 생각한다.

과연 그렇다면 어째서 괴사진을 찍은 것일까? 나는 거기에 비밀의 막에 덮인 일반 예심제도 공통의 교활함이 있으며 음험함이 있다는 사실을 들고 싶다. 직무상 내가 실제로 경험하는 예심제도의 음험함과 악랄함에 대해서는 하고 싶은 말이 아주 많다. 사카이 도시히코(境利彦)의 이른바 문화적 사건에 대한 내용의 진상도 전부 폭로하고 싶지만 그것은 잠시 접어두고 가장 현저한 최근의 일례를 들자면 도쿠가와(德川) 후작 암살사건의 피고인 사토 산타로(佐藤三太郎), 마쓰모토 겐타로(松本源太郎), 마쓰모토 지이치로(松本治一郎) 세 사람에 대해서 예심판사가 자신의 마음에 드는 대답을 할 때까지 조서를 작성하지 않고, 잊은 것 같으니 생각을 해보고 와라, 떠올릴 때까지 조서는 작성하지 않겠다며 마쓰모토 지이치로 씨는 8월 6일, 12일, 9월 2일, 9일, 12일, 마쓰모토 겐타로 씨는 9월 8일, 9일, 10일, 11일, 사토 산타로 씨는 7월 21일, 8월 6일, 9월 8일, 9일, 10일 등 연달아 예심조사를 받았으나 조서를 전혀 작성하지 않았다는 사실이 공판에서 판명되었는데, 박열·후미코에 대한 예심은 2년이라는 긴 접견 금지 중에 다테마쓰 예심판사가 전임하여 전심으로 심리했으나, 전체 100회에 미치지 못하는 예심조서를 작성한 데 불과하다. 그 사이에 조서를 작성하지 않은 취조가 몇 번 행해졌을지 알 수 없는 일이다. 이점에 대해서 사법 당국은 예심판사가 예심조서를 작성하든 작성하지 않든 그것은 그때의 사정에 의한다고 성명했으나, 법규가 나타내는 바에 의하면 예심판사는 서기의 입회 없이 예심의 심리를 진행할 수 없으며, 예심 심리에 입회한 서기는 반드시 그 예심조서를 작성해야 하는 독립된 의무와 권한을 가지고 있기 때문에 서기의 입회가 없는 예심판사의 예심이나, 서기가 입회했어도 조서를 작성하지 않는 예심은 결코 용납될 수가 없다. 따라서 사법 당국의 출정부를 인용한 괴사진 촬영 시기에 관한 성명은 법규를 무시한 것으로 촬영 태양에 관한 성명은 조금도(사진기술이라는 면에서 봐도) 믿을 수가 없다. 이렇게 해서 괴사진 촬영의 동기, 사정은 다테마쓰 예심판사의 심리 태도에 여러 가지 의심이 들게 하지만, 유감스럽게도 충분히 짐작 가능한 내용을 전부 공표할 수는 없다.

4

그 개요만을 말해보자면, 그 어떤 대역(大逆)·불령한 사상이라 할지라도 그것을 실행에 옮기기 전에는, 최대·최

악의 불경죄라 할지라도 대역 범인은 되지 않는다. 그와 동시에 박열·후미코가 대역·불령 사상을 실행에 옮기지 못한 것은, 혹은 실행에 옮길 수 없었던 것은 국가를 위해서도, 황실을 위해서도, 그리고 일반을 위해서도, 피고를 위해서도 다행스러운 일이었다고 생각한다. 따라서 법률은 형을 집행하기 위해서 죄를 벌하는 것이 아니라, 죄가 있기 때문에 형을 집행하는 것이니, 그 죄의 정도가 가볍기를 바라야 할 것이다. 그렇기 때문에 나는 박열·후미코의 대역·불령 사상은 미워해야 하지만, 그것을 실행에 옮기지 못하고 미연에 발각된 것은 잘된 일이었다고 생각한다. 그런데 그 크지 않은 죄를 무겁게 벌하기 위해서 이것을 중한 죄로 만들 것을 계획한 뒤, 폭발물관리규칙 위반 사실과 박열·후미코 부부의 불경사상을 교묘하게 연결시켜 대역사건을 날조해낸 것은 아닐까? 게다가 박열·후미코 사건의 증거는 본인들의 자백공술에서 얻은 것일 뿐, 다른 어떤 물적 증거도 없었기에 피고 본인들의 관심을 사기도 하고 비위를 맞추기도 했을 것이라는 의문을 지적할 수 있다면 어떻겠는가? 이를 상세히 기술하는 것은 허용되어 있지 않지만, 명료하게 말할 수 있는 사실은, 박열·후미코에 대한 1923년 10월의 기소는 치안경찰법 위반인 비밀결사 사건이었다. 그것이 1925년 3월에 폭발물관리규칙 위반이 되었고,

87

같은 해 7월에는 다시 대역죄 기소로 죄명이 진전되었으나 사건의 내용은 조금도 바뀌지 않았다. 이에 나는 이렇게 말하지 않을 수 없다. 피고들에게서 1923년 9월에 이미, 1925년 7월에 기소한 대역죄가 있었음을 발견하지 못했고, 수사하지 않았고, 이를 기소하지 못했다면 이 무슨 광직(曠職)이란 말인가?

그러나 내가 실제 직무에 있어서 경험한 검사국의 수사 능력은, 범인 체포에 있어서는 무능하나, 범죄 수사에 있어서는 결코 무능하지 않다. 특히 사상사건 조사에 있어서는 악랄하기 짝이 없는 수사 방법을 피고의 가슴속으로 들이민다. 따라서 박열·후미코가 일단 체포되었고, 또 그 사건이 이미 수사 착수 중이었다는 사실을 생각해본다면, 박열·후미코에게 대역죄 사건이 있다는 사실을 조사·발견하지 못하고, 예심판사의 심리 중에 발견하여 추가로 기소하게 된 흐름은 참으로 이상한 일이라고 할 수 있을 것이다.

게다가 다테마쓰 예심판사의 박열·후미코에 대한 태도는, 기록 전체를 통해서 보자면 조사하는 판사와 조사받는 피고의 관계, 그 주객이 전도되어 조사하는 예심판사가 조사받는 피고에게 지도를 받고 있다. 그 사이에 있었던 심리 상황을 상세하게 해명해보자면, 니힐리스트로서의 박열·후미코가 너무나도 부자유스러운 자유사회에서 살아오면서 자유로운 니힐리스트로서 실행에 옮길 수 없었던 최고 권력자의 파괴를 사유적으로라도 실행하려 한 계획을 이야기한 것 아니었을까? 어쩔 수 없이 이야기하게 만든 것 아니었을까? 그렇게 여겨지는 다테마쓰 판사의 심리 태도에 이런저런 추측을 가하는 것은 절대로 나의 부덕 때문이 아니라 여겨진다. 그리고 다시 사회로 나갔을 때, 니힐리스트로서 자유로운 활동을 허락받는다면 그때에라도 실행하고 싶은 계획을 이야기하거나, 이야기할 수밖에 없도록 만든 것 아니었을까 여겨진다. 접견 금지 중의 예심 호출 가운데 조서를 작성하지 않은 만담이나 잡담이 몇 번이나 거듭되었을 것이라는 사실도 추측해볼 수 있다. 나는 다테마쓰 예심판사가 그처럼 교활한 지혜와 노회한 태도를 보인 것이 아닐까 생각한다. 나는 일종의 피고 심리, 판사 심리, 재판하는 자와 재판받는 자의 심리, 특히 삶에 대한 희망을 잃은 사형수의 심리 등을 생각할 때, 매우 의미 깊은 것이 거기에 있다고 생각한다. 여기서 그 이상을 말하지는 않겠다. 요컨대 그러한 심리에서 나온 괴사진의 촬영이자 우대였다면, 사회는 지금 이야기되어지고 있는 우대 그 자체보다 그들을 우대한 판사의 심리를 문제 삼아야 할 것이다.

연달아 일어난 우대 문제인 홍차, 목욕, 부부의 동석에는 정도의 문제도 있지만, 봉건제도에서의 감옥만을 생각하여 피고는 괴로워야 하고 시달려야 한다는 생각에서 이를 비난한다면 그것도 잘못된 일인 듯하다. 그와 동시에 아직도 피고는 괴로워야 한다, 시달려야 한다는 생각을 가지고 있는 형무 당국은, 결코 어떤 자의 선전처럼 우대를 베풀지는 않을 것이라 생각한다.

말할 것도 없이 결혼의 사실적 거행, 동거 등과 같은 일은 절대로 없었으리라 믿지만, 그러나 사건 심리의 공적을 어려워하는 대역사건이 발견, 추가기소가 된 것이라는 사실은 와카쓰키(若槻) 수상의 성명 가운데 '박열 · 후미코의 죄상은 개심 정상의 유무와는 상관없이 감형을 주청(奏請)해야 한다고 여겨졌다.'는 말이 이것을 가장 잘 뒷받침하는 사건 심리의 내용을 통찰할 수 있을 것이다.

5

이렇게 해서 촬영된 괴사진이 어떻게 이용, 선전되기에 이르렀을까? 사법성의 성명에 의하면 박열이 교묘하게 손에 넣은 것이라고 한다. 그리고 그 교묘하게, 라는 입수 경과는 법률적으로 말하자면 절취한 것이 되는 셈이나, 그것은 완전히 허위다. 나는 대역범인이라 할지라도 절도범인은 되지 못할 박열의 성질을 믿고 싶다. 더구나 예심정에서 피고로부터 무엇인가를 절취당한다는 것은 절대로 있어서는 안 될 일이다. 절취당했다면 비단 이번의 괴사진만이 문제가 아니다. 다른 어떤 물건이라 할지라도 절취당했다면 그야말로 괴사진 이상의 기강문란 문제가 아닐 수 없다. 따라서 괴사진의 외부반출은 다테마쓰 예심판사가 사진을 친구인 모씨에게 건네준 것이라고 나는 믿는다. 그것은 마침 후미코 자살사건이 일어난 날 아침, 구리하라 씨가 다테마쓰 씨에게 전화를 걸었을 때 나는 우연히 그 사실을 들었다. 또한 어떤 신문기자가 사진을 보여주었다는 말을 조선의 한 동지에게서 들은 적이 있다.

현재까지 괴사진의 반출 경로는 일단 박열이 교묘하게 손에 넣은 것을 이시구로(石黑) 씨가 가지고 나온 것이라고 되어 있는 듯하다. 실제로 사건 전부터 이시구로 씨의 말살사(抹殺社)와 박열의 불령사 동인은 상당히 왕래했던 듯하다. 그러나 마침내 사건이 일어난 뒤의 감정은 결코 사건 전과 같지 않았다고 믿는 나는, 가령 박열이 교묘하게 무엇인가를 손에 넣었다 할지라도 이시구로 씨에게 건네주었을 것이라고는 여겨지지 않는다.

다음으로 괴사진에 나타나 있는 예심결정서는 치안경찰법 위반사건의 피고 12명에 대한 면소(免訴)와 박열·후미코, 김중한 등의 관할이 잘못되었음을 결정한 결정서로 조금도 특별한 것이 아니다. 다른 피고 누구로부터도 건네질 수 있는 문서다. 그 처음과 끝만을 그럴 듯하게 사진에서 취한다는 것은 너무나도 악의적인 장난이다.

그러한 괴사진 외부 반출 경로를 사법 당국이 어째서 솔직하게 성명하지 않는 것인가 하면, 다테마쓰 예심판사의 괴사진 촬영과 함께 외부로 반출된 내용이 선전에 이용되었다는 사실이 판명되었음에도 이를 징계면직 처분하지 않고, 의뢰 퇴직을 허락한 사법 당국의 책임문제가 일어나기 때문에, 정쟁적으로 이렇게까지 진전될 줄은 예상하지 못한 채 퇴직시킨 다테마쓰 예심판사를 애써 보호하지 않으면 안 될 입장에 놓인 결과, 누구와의 면회를 통해서라도, 또 동시에 히라이와(平岩), 이시구로 두 사람이 괴사진 문제와 관계가 있다면 그것은 박열을 제외한 다테마쓰 예심판사 대 히라이와 · 이시구로의 관계임에 틀림없다고 나는 확신한다.

마지막으로 후미코의 자살 원인과 관련된 괴문서 가운데 결혼 문제에 대해서 말해두겠는데, 그것은 결코 세상이 선정적으로 상상하는 것과 같은 것이 아니다. 니힐리스트의 최후로 죽음을 서두른 박열 · 후미코는 그 유해에 대해서 당시 후미코의 아버지도 어머니도 이를 거두어 주리라고는 여겨지지 않았으며, 또 자신이 거두겠다는 동지에게는 형무 당국이 인도해주지 않을 것 같았다. 결국 공중에 떠버린 후미코의 유해를 합법적으로 인도할 인도인을 만들기 위해서 혼인신고서를 제출했다. 참으로 비장하고 처참한 혼인신고서였다. 본인 자신들은 형식적 혼인신고로 서로를 생각하는 마음의 열매를 맺으려 한 것도 아니었으며, 법률적 형식에 따른 것도 아니었다. 따라서 이른바 결혼식이네, 동거네 하는 문제가 일반적으로 상상하는 의미에서, 본인들로부터의 요구도 없었고 관계자들도 알선하지 않았으며 물론 형무 당국이 배려를 해준 사실도 전혀 없다. 후미코의 자살 원인을 임신의 결과라고 선전하는 사람들도 있는 듯한데, 마지마(間島) 의사가 검증한 바에 의하면 그것을 전혀 찾아볼 수 없었다.

나는 사법·형무 당국이 마땅히 했어야 할 유서의 발표를 하지 않은 비겁함을 비난한다. 비밀주의는 그것을 어리석음이라 여기고 있다. 하지만 자살했음을 믿는 사실적 직감은, 이를 속일 수 없다.

덧붙여, 넘쳐나는 나의 소감을 이야기하려면 끝이 없을 테지만 우선은 여기서 붓을 놓기로 하겠다.」

이상 요약해서 이야기한 박열 군의 법정 태도는 치안경찰법 위반인 비밀결사사건, 폭발물관리규칙 위반과 마지막으로 대역사건 내내 일관된 것이었다. 그러나 처음부터 대역사건의 적발을 목표로 불령사 사건, 비밀결사, 폭발물 사건을 다루며, 사건의 취조를 마지막 대역사건으로 발전시킨 다테마쓰 예심판사의 고심과 예심 기술은, 교묘한 공작으로 진전시켜 나간 흔적이 역력하다.

그 구체적인 사례를 들자면, 폭발물관리규칙 위반을 관할이 잘못되었다며 면소(免訴)했는데, 면소라고 하면 형식적으로는 매우 유리한 듯하지만, 실질적으로는 단순한 폭발물관리규칙 위반인 보통 형사재판소의 관할인 경우는 유죄지만, 천황에게 위해를 가할 목적으로 행한 폭발물 사건이기에 형법 제73조인 대역사건으로 대심원의 특별재판에 부쳐야 하는 사건이 되기 때문에 관할이 잘못되었다는 면소는 사형으로 몰아가기 위한 면소였던 것이다.

이처럼 대역사건을 적발한 예심판사가 예심 기술·공작을 매우 악의적으로 진전시킨 사실은 폭발물관리규칙 위반 사건의 예심조서보다, 마침내 대역사건 취조로 들어간 예심조서를 통해 그 사이의 일단을 독자들에게 호소하기로 하겠다.

9. 폭발물관리규칙 위반에서 대역사건으로

1925년 5월 2일의 조사에서 예심판사는 폭발물관리벌칙이라는 법률은 폭발물의 사용 목적에 따라서 범죄의 성질이 달라짐을 설명해서 박열 군에게 이상한 혐의를 걸었다.

폭발물관리벌칙 제1조에서는 '치안을 방해, 또는 타인의 신체·재산을 해할 목적으로 폭발물을 사용한 자, 혹은 타인으로 하여금 그것을 사용케 한 자는 사형 혹은 무기, 혹은 7년 이상의 징역, 혹은 금고에 처한다.'고 규정했으며, 제2조에서는 '제1조의 목적을 가지고 폭발물을 사용하려다 발각된 자는 무기, 혹은 5년 이상의 징역, 혹은 금고에 처한다.'고 규정하고 있는데, 이 조문을 알기 쉽게 해석하자면 똑같이 폭발물을 사용해도 그 목적이 치안을 방해하는 것이라면 정치범이 되며, 타인의 신체, 또는 재산을 해할 목적이었다면 보통범이 되는 것이다. 물론 그 벌칙은 어느 쪽이나 사형, 무기, 혹은 7년 이상의 징역, 또는 금고가 되는 것은 결국 마찬가지로 무거운 것이지만, 그 목적 여하에 따라서 정치범이 될 수도 있고 보통범이 되는 경우도 있다는 사실은, 은사나 그 외의 취급상 중요한 죄질의 차이를 가져오는 것이다.

특히 사용하려다, 즉 사용하려 했으나 아직 사용하기 전에 발각되면 미수인 상태로 죄가 가벼워지지만, 어느 정도까지 폭발물 사용을 준비했는지, 그리고 준비가 진행되었는지가 문제가 된다. 형법 제73조의 규정에 의하면 폭발물 사용 준비가 같더라도 그 목적이 '천황, 황태후, 황후, 황태자, 혹은 황태손에 대해 위해를 가하거나, 혹은 위해를 가하려한 자는 사형에 처한다.'에 해당될 경우는, 사용 목적의 대상이 다른 것만으로도 사형이 된다.

"지금까지 한 피고의 진술을 종합해보면, 피고가 폭탄을 손에 넣으려 한 목적은 천황, 혹은 황태자에게 위해를 가하려는 데 있었다고 여겨지는데."

라고 거듭 확인했다.

박열 군은 이러한 예심판사의 묘하게 에둘러서 하는 말과 악의적인 확인에 대해서,

답 : 내가 한 말을 너희들이 어떻게 해석하든 그건 너희들 마음대로이지만, 내가 한 말에 잘못은 없었는지 확인을 하려드는 것은 나를 모욕하는 일이다. 나는 처음부터 한 마디 한 마디, 내가 말한 대로 너희에게 쓰게 하겠다고 약속했고, 너희도 내가 진술한 대로 조서를 써왔으니, 이제 와서 쓸데없는 확인은 할 필요 없지 않은가? 나의 진술을 종합해서 나의 폭탄 사용목적이 천황, 혹은 황태자에게 위해를 가하기 위한 데 있었다는 점을 나의 공술로 인정하는 것이 아니라 후미코와 김중한의 진술을 종합해서 그렇게 해석된다고 말하려는 것일 테지만, 그 사람들의 진술은 그 사

람들의 진술대로 그것을 멋대로 해석하고, 나와 관계된 일을 내게 묻는다면 나는 내가 하고 싶은 말만을 할 것이며, 하고 싶지 않은 말은 하지 않을 것이다. 그러나 내가 말하지 않은 것이라도 멋대로 해석해서 인정하는 것이 너희 판사들의 할일이니, 멋대로 인정하도록 하게.

문 : 요컨대 가네코는 김중한 및 김한과의 관계에 대해서 처음부터 피고와 상담하여 폭탄투척을 계획했다고 진술했고, 김중한은 피고의 의뢰를 받아 폭탄 입수를 위해 상해와 연락을 취하러 갈 것을 승낙했다는 사실을 이야기했네만.

답 : 그에 답하기 전에 내가 먼저 묻고 싶다. 가네코와 김중한 두 사람은 폭탄투척의 대상, 목적에 대해서 뭐라고 진술했는지 들려주었으면 한다.

판사 : 요컨대 가네코는 황태자 전하를 폭탄투척의 대상으로 삼았다고 말하고 있고, 김중한은 지금 얘기한 대로 말했는데, 혹시 모르니 두 사람의 공술조서를 읽어주기로 하지.

라고 말한 뒤, 예심판사는 박열 군에게 후미코 씨와 김중한에 대한 예심 심문조서의 전부를 읽어주었다. 그것을 듣고 난 후, 박열 군은 천천히 대역사건의 진상에 대해서 이야기했다.

답 : 종이 위에는 없었던 일도 있었다고 쓸 수 있고, 있었던 일도 없었다고 쓸 수 있다. 또 하나의 사실을 길게 늘여서 쓸 수도 있고, 짧게 줄여서 쓸 수도 있으며, 2개로도 3개로도 나눠서 쓰거나, 2개 3개의 사실을 하나로 뭉뚱그려서 쓸 수도 있는 법이니, 그 공술을 직접 듣고 실감한 것처럼 적힌 내용을 그대로 믿을 수는 없다. 나는 애초부터 그런 조서 따위 믿지 않았으니.

하지만 나는 어제도 네게 말한 듯한데, 설마 네가 후미코와 김중한에게 너의 견해를 강요해서 그런 진술을 하게 만들었을 리는 없다고 생각하니, 대체로 후미코와 김중한이 네가 지금 읽어준 대로 진술한 것이라고 들어두기로 하겠다. 그리고 나도 너의 이른바 심문이라는 것에 답하는 것은 아니지만, 네가 심문하고 싶어 하는 문제에 덧붙여서 내가 하고 싶은 말만은 해두기로 하겠다. 하지만 나는 후미코와 김중한을 공범자로 해서 공술하는 것이 아니야. 내 사건의 증인, 관계자라는 입장에서 두 사람의 말을 다루어 나갈 테니 그리 알고 들어야 돼.

나는 지금까지 음모의 대상이나 목적물에 대해서 그렇게 결정적으로는 말할 수 없었어. 또 그렇게 뚜렷하게 생각하고 있었던 것도 아니야. 하지만 후미코가 그렇게 말했다면 나도 그 대상에 대해서 후미코와 마찬가지로 결정적인 대상을 가지고 있었다는 사실을 성명하겠네. 따라서 내가 일본의 천황이나 황태자를 폭탄투척의 가장 주요한 대상물로 삼았던 것은 사실이라고 해두기로 하세. 그리고 폭탄이 손에 들어오면 언제라도 적당한 기회에 그것을 사용할 생각이었다고 예전에 말한 적이 있었는데, 그것도 그 말 그대로이고 시기를 황태자의 결혼기(結婚期)에 한정한 것은 아니지만 그때가 가장 움직이기 좋을 것이라고 후미코가 말한 것처럼, 나 역시 움직이기 좋을 것이라고 생각했다고 분명히 말해두기로 하지. 난 처음부터 너에게 거짓말은 하지 않겠다고 말했어. 또 실제로 지금까지 거짓말을 한 적은 없었어. 그러나 사실상 폭탄 투척의 대상물에 대해서 엄밀하게 말하자면 후미코처럼 분명하게 말하지 않은 나의 진술은 소극적으로 거짓말을 한 셈이 되니, 그 점에 있어서는 자네에게 깨끗하게 사과하겠네.

그런 만큼 내가 지금부터 하는 말에 거짓이 없다는 사실을 알아주기 바라네.

그리고 나는 이번 사건에 대해서 후미코가 처음부터 공범자로 관계했는지에 대한 사실의 언명을 피해왔으나, 후미코가 스스로 함께 계획했다고 말했으니 나도 후미코의 말을 흔쾌히 긍정하기로 하겠네.

이 점에 있어서도 앞서와 같은 의미에서 나의 소극적인 거짓말을 사과하기로 하겠네. 하지만 김중한 씨와의 관계에 대해서 나는, 내가 전에 이야기한 내용을 끝까지 고집할 생각이네. 오늘은 피곤하니 이쯤에서 끝내줬으면 하네.

이것이 마침내 대역사건의 취조로 들어갈 때의 진술인데 박열 군의 법정 태도가 얼마나 신랄하고, 또 정확하고, 한 걸음도 양보하지 않고, 한걸음도 선을 넘지 않는 정확함을 가지고 있었는지를 엿볼 수 있을 것이다.

독자 가운데는 스스로 피고로서의 체험을 한 사람도 있을 것이다. 또한 친구, 지인, 친척, 일족 가운데 누군가가 탄압적인 피고의 태도를 강요받은 법정에서의 체험을 보거나 들은 사람도 있을 테지만 틀림없이 박열 군만큼 숙연하고 냉정하고 명쾌하고 정직하고 자기비판의 준열한 피고 태도를 취한 사람은 본 적도 들은 적도 없을 것이다.

10. 17회 심문조서

조서는 1925년 5월 3일에 작성된 것인데 역시 이치가야 형무소로 예심판사가 출장했다.

문 : 피고는 김중한에게 폭탄을 투척하기에는 이번의 결

혼식, 혹은 메이데이가 호기라 말하고, 또 대사관, 공사관, 경시청, 미쓰코시(三越)도 대상으로 삼아 날려버릴 생각이라고 말했다고 하던데, 사실인가?

답 : 그야 폭탄만 손에 넣으면 이렇게 하겠다, 저렇게 하겠다, 이런 때에, 저런 때에 날려버려도 좋을 텐데, 하는 정도의 말은 누구나 하는 것 아닌가? 그것을 일일이 의미가 있는 말인 것처럼 묻기도 하고 확인하기도 하기 때문에 재판이라는 것이 귀찮아지는 것이다.

문 : 피고는 천황 폐하와 황태자 전하에게 폭탄을 투척할 것을 주요한 목적으로 삼았다고 했으면서, 김중한에게는 왜 그런 말을 했는가?

답 : 김중한 씨와의 교섭에 대해서는 전에도 이야기한 것처럼, 내가 김중한 씨에게 그런 말을 했다면 그것은 혁명이나 반란을 행하기 위해서는 그 목적을 달성하기에 비교적 유효한 일을 일반적으로 열거하는 것은 당연한 일이니, 그런 걸 묻는 게 오히려 더 억지스럽다는 사실은 전에도 말하지 않았는가? 김중한 씨와 교섭한 진의는 단지 폭탄을 손에 넣기 위한 것으로, 폭탄만 손에 들어왔다면 그 뒤부터는 나의 일이었다. 내가 앞으로 하려고 하는 일의 유효하고 적절한 사용 예를 어떻게 설명하든 그건 내 자유이고, 또 실제로 어떤 경우에 어떤 식으로 사용할지는 그때그때의 정세

에 따라서 여러 가지로 말했던 것 가운데 하나를 실천하는 경우가 있다는 사실을 생각한다면 그것으로 충분하지 않은가?

그를 위해서 수도의 저수지나 전기의 근원지를 살펴본 적이 있다는 것도 사실이지만, 그런 것을 하나하나 물어서 어쩔 생각인가? 어차피 우리 조국 조선을 강탈한 일본 국가에 복수를 해야겠다고 마음먹은 나다. 거기에 협력하겠다는 것이 사랑하는 아내 후미코다. 그것을 평생의 목표로 알고 앉으나 서나 그 일만을 생각하고 있는 우리들이다. 밥을 먹을 때, 차를 마실 때, 밖을 산책할 때, 수시로 머리에 떠오르는 대로 폭탄투척 목표를, 여기에도 던지겠다, 저기에도 던지겠다고 서로 이야기하는 것이 뭐가 이상하단 말인가?

라고 역습을 가했기에 예심판사도 이 점에 관한 질문은 마무리 짓고, 마침내 대역사건의 본무대라 할 수 있는, 박열 군은 천황에 대해서 어떻게 생각하고 있는지, 일본국에 대해서 어떤 생각을 품고 있기에 그런 대역사건을 결행하려 한 것인가 하는 질문으로 나아갔다.

문 : 피고는 어째서 그런 마음이 든 것인가? 깊이 반성을 해야 한다고 생각하는데.

답 : 뭐, 반성이라고? 반성이라는 것이 어떤 의미를 갖고 있는지 자네도 잘 알고 있지 않은가? 반성이란 말하자면 회심(悔心)을 의미하는 것이다. 따라서 반성할 마음이 없느냐는 등의 말을 하는 것은 나에 대한 커다란 모욕이다. 나는 적에게 이렇게 붙잡히기 전까지 이 지상에서 내게 속해 있는 모든 것을 걸고 일본의 제국주의적 자본국가를 쓰러뜨리기 위해서 충분히 자유롭게 행동을 해왔으니, 적인 너희들도 내게 충분히 자유롭게 행동하면 되지 않겠느냐. 어째서 반성이네 뭐네 하는 좀스러운 말을 하는 것이냐. 너희들이 하고 싶은 대로 나를 마음껏 학살해도 상관없다. 그것이 오히려 당연한 일일 것이다. 나는 그런 일에 대해서 적인 일본 관헌의 수법이 불법이라는 둥, 불공평하다는 둥, 잔인하다는 둥, 악랄하다는 둥 엄살을 피울 생각은 조금도 없다. 항의할 마음조차 가지고 있지 않다. 나는 잡힌 순간부터 이미, 적이 어떻게든 할 수 있는 일에 대해서는 그대로 당하지만, 할 수 없는 일만은 굳건하게 나의 자유로 삼아 너희에게 대항하겠다고 굳게 결심했다. 한 가지 더 덧붙여 두겠는데 일본의 관헌은 나와의 싸움에서 이겼다고 생각하고 있겠지? 너희들도 이겼다고 생각하고 있겠지? 하지만 그렇게 싸잡아서 말할 수는 없을 거야.

잘 생각해보게. 자네들은 이겼다고 생각하고 있지만 사

실은 진 거야. 실제로 나는 졌지만, 다른 한편으로는 실제로 이기기도 한 거야. 이건 단지 마음만의 문제도 아니고 역설도 아니야. 현실의 가까운 장래를 지켜보고 있기 바라네. 내가 모든 권위를 부정해 보일 테니. 일본국의 권위를 말일세. 천황의 권위를 말일세. 나는 너희들이 멋대로 만들어낸 재판이나 법률의 가치를 조금도 인정하고 있지 않아. 그런 것들의 권위를 짓밟는 것은 간단한 일이야. 따라서 그러니 내가 한 일이 폭발물관리규칙의 제 몇 조에 해당하는지, 형법 제73조의 어디에 해당하는지, 그런 건 내 알 바 아니야. 또 알고 싶지도 않아. 그건 너희들이 멋대로 정해서 멋대로 선고할 일이야. 반성하네 마네 하는 것은 역시 내 멋대로 결정해서 내 멋대로 말할 수 있는 일이야. 너희들과 싸우는 만큼 꼴사납고, 너희도 나와 싸우는 만큼 꼴사나울 거야. 나는 죽음이라는 것을 두려워하지 않아. 국가가 아무리 강하다 해도, 권력이 아무리 무시무시하다 해도 사형보다 더한 일이 가능한가? 나를 죽이는 것 이상의 일이 가능한가? 나는 그 사형을 두려워하지 않아. 나는 살해당해도 상관없어. 그러니 죽음으로 협박하는 국가의 권력보다 내가 더 강한 셈이야. 죽음을 두려워하지 않는 사람만큼 강한 사람도 이 세상에 없다는 사실을 깨달아야 할 거야. 너희들이 가장 신성하게 여기고 있는, 또한 고맙게 여기고 있는 당사자를 살해하려 했던 불령선인 님이 바로 나야. 너희가 어째서 선량한 척 내게 반성하라는 둥, 반성할 마음은 없냐는 둥 말하는 거지? 그보다는 나를 증오하면 되지 않겠는가? 너희가 가장 고마워하고 있는 당사자인 천황을 죽이려 했던 나를 미워하면 되지 않겠는가? 개심(改心)시켜서 어쩔 생각이란 말인가? 반성케 해서 어쩔 생각이란 말인가?

라는 박열 군의 준열하기 짝이 없는 역습은 예심판사도, 예심의 서기도 그대로는 기록하지 않았지만, 심문조서의 행간에서 불타오르고 있는 박열 군의 격정과 비분이 이렇게까지 강해서, 전부를 읽으려 해도 읽어낼 수 없을 정도의 강인함이 맴돌고 있다.

필자는 박열 군과 함께 이 조서를 다시 읽으며 당시의 비분과 격정을 이야기했는데, 조금도 억지스럽지 않은 필자의 해설이 박열 군에 의해서 승인되었다는 사실을 덧붙여 두겠다.

문 : 그 외에 더 하고 싶은 말은 없는가?

이제 이것으로 취조가 대충 마무리될 것이라는 사실을 암시하자 박열 군은 이렇게 말했다.

"네게 읽어보라고 주기 위해 내가 감옥에서 쓴 「음모론」, 「불령선인이 일본의 권력자 계급에게 줌」, 「나의 선언」, 「일하지 않고 뻔뻔스럽게 먹는 론(論)」이라는 것을 가지고 왔다. 「나의 선언」과 「일하지 않고 뻔뻔스럽게 먹는 론」은 나의 허무적 사상을 나타낸 것이다. 「음모론」은 허무주의자로서의 전략을 쓴 것이야. 「불령선인이 일본의 권력자 계급에게 줌」은 조선인으로서 일본제국에 대한 나의 태도를 선언한 것이니 꼭 읽어보기 바라네."

그리고 피고인이 앞서 이야기한 글 4편을 제출했다고 기록한 뒤,

문 : 이 글을 압수해야겠는데 어떻게 생각하는가?

답 : 내가 이런 글을 쓴 것은 어차피 너희들에게 읽어보라고 할 생각이었기 때문이고, 너희에게는 보물이 될지도 모르니 압수해두도록 하게. 하지만 공판정에 섰을 때 이것을 읽을 생각이니 그때는 내게 돌려주어야 하네. 재판관의 질문 따위에 대답하지 않고 내가 하고 싶은 말을 하기 위해서 이것을 읽을 생각이니 그 사실을 분명하게 적어놓아 나중에 실수가 없도록 해주게.

그러자 예심판사는 피고인에게 앞서 이야기한 4편의 글을 압수하겠다는 뜻을 알리고, 또 변호인에게 다른 희망사항은 없느냐고 물었다.

"나는 공판정에서 변호인에 의지할 생각은 없다. 하지만 나의 동지는 나를 위해서 변호를 해줄 것이다. 일본제국 제도의 법정에서 내 권리를 요구하기 위해서는 역시 동지인 변호사에게 법률적 원조를 얻지 않으면 안 된다. 나는 법률 따위 인정하지 않지만, 동지의 원조는 기꺼이 받아들이겠다."

박열 군에 대한 예심조서는 이렇게 마무리 지어져 있다. 다음으로는 대역사건의 진상에 대해서 이야기하도록 하겠다.

Ⅲ. 대역사건의 진상

1. 판결서에 의한 불발폭탄

박열 군은 의열단원이 아니다. 의열단과는 전혀 별개의 독립·독보(獨步)적 조선독립운동자로 조국 조선을 강탈한 일본 국가에서 혁명을 일으켜 침략 일본의 군국주의를 타도하고 평화로운 일본의 건국을 성취시킴과 동시에 조국 조선의 독립과 평화건국을 달성시키려 한 돌격적 혁명가였다. 그리고 일본에서 혁명을 일으킬 유효하고 적절한 표적은 천황이라는 견해를 가지고 조국 조선을 강탈한 천황타도의 대역죄를 기획한 것이다.

그러나 대심원 특별재판소에서 선고한 판결에만 의하면 대역사건의 진상은 간단하다.

「피고 박준식은 조선 경상북도 문경군 마성면의 농가에서 태어나 일찍이 조선에 대한 일본의 통치에 불만을 품고 조선 민족의 독립을 희도(希圖)하고 있던 자로 1919년 10월 쯤 도쿄로 오게 되었고 각종 노무에 종사하던 중 점점 사회주의에 침윤되었으며, 차차 무정부주의로 변해 마침내 허무주의를 신봉하기에 이르러 자신의 생존을 부정함과 동시에 만물의 절멸(絕滅)을 꾀하는 것을 최종 이상으로 삼았다. 동시에 조선 민족의 한 사람으로서 일본의 권력계급에 대해 반역적 복수를 행하지 않을 수 없다 여겨 기회를 보아 황공하게도 천황 폐하, 혹은 황태자 전하에 대해서 위해를 가하기로 계획하고 이 흉행(兇行)에 쓰기 위해 1921년 12월경, 도쿄 시 교바시(京橋) 구 미나미오다와라초(南小田原町) 시바타 다케후쿠(柴田武福) 씨 집에서 당시 유럽 항로에 종사하던 제국상선의 선원이자 사회주의적 사상을 가진 스기모토 사다카즈(杉元貞一)에게 중국 상해, 혹은 프랑스에서 폭탄 약간을 수입할 것을 의뢰, 뒤이어 1922년 3월경 마침 도쿄에 온 조선 독립주의자 최혁진(崔爀鎭)을 만나 폭탄 몇 개의 수입을 모의했으나 아직 그것을 손에 넣지 못한 가운데 마침 자신과 주의와 사상을 같이하는 피고인 가네코 후미코를 알게 되어 1922년 4월경부터 내연의 부부로 동거하기에 이르렀고 마침내 아래와 같은 대역을 꾀하기에 이르렀다.

피고인 가네코 후미코는 내연의 부부인 사에키 분이치(佐伯文一)와 가네코 기쿠노(金子きくの)의 장녀인데 어렸을 때 아버지와 헤어졌으며 어머니도 얼마 지나지 않아서 피고인을 버리고 다른 집으로 시집을 갔기에 피고인은 고독하고 유약한 몸으로 조선 및 그 외의 각지를 전전 유랑하며 온갖 고난을 맛보았고, 마침내는 인생을 비관하고 사회

를 저주하기에 이르렀는데, 1920년 4월경에 17세의 나이로 도쿄에 와서 석간신문팔이와 그 외의 하급노무에 종사하던 중, 사상에 관한 출판물을 탐독하고 각종의 주의자와 교유하기에 이르러 결국은 허무적 사상을 품게 되어, 자신은 물론 모든 인류의 절멸을 바람과 동시에 황실과 그 외의 권력계급에 대해서 반역적 복수를 하기 위해 이를 무너뜨리는 것이 중요하다는 신념을 갖고 있을 때, 마침 피고인 박준식을 알게 되었고 박준식의 주의 · 사상에 공명하여 결국은 앞서 이야기한 것처럼 그와 동거하기에 이르렀으며, 그 목적 수행을 위해 획책하던 끝에 1923년 가을 무렵, 황태자 전하의 결혼식이 거행될 것이라는 소식을 듣고 거식(擧式)때 행행(幸行)하시는 행렬에 폭탄을 던져 황공하게도 천황폐하, 혹은 황태자 전하에게 위해를 가하기로 공모, 그 흥행에 쓰기 위해 피고인 박준식은 1922년 11월경, 경성으로 가서 당시 상해에서 폭탄을 조선으로 수입하려 계획하고 있던 조선 민족주의자 김한과 회견하여 그것을 나누어주기를 청해 승낙을 얻었고, 다시 1923년 5월경 도쿄 시 혼고구 유시마(湯島) 덴진초 1번가 31번지 하숙업 금성관과 그 외의 곳에서 당시 상경한 무정부주의자 조선인 김중한에게 상해로 가서 조선의 독립을 목적으로 하는 의열단과 연락하여 폭탄을 수입해달라고 의촉하고 그에 대한 승낙을 얻었으나 조선에서의 김상옥(金相玉) 사건 검거로 인해 아직 그것을 손에 넣지 못한 중에 사건이 발각되어 대역을 실행하기에 이르지는 못한 사건이다.」

이처럼 참으로 어이없게도 용두사미의 불발사건으로 끝나 있다.

물론 고토쿠 슈스이(幸德秋水) 씨 등의 대역사건도 폭탄을 제조하던 중에 검거된 불발사건으로, 훗날 난바 다이스케(難波大助), 이봉창(李奉昌) 두 사람이 천황의 행렬에 폭탄을 던져 조야의 심담(心膽)을 써늘하게 만들었던 사건과는 그 과정이 매우 다르다. 그러나 그런 만큼 고토쿠 슈스이 씨 들과 박열 군의 대역사건에는 사상적·사회적 배경과 반드시 결행해서 혁명적 위력을 발휘하겠다는 계획이 숨겨져 있었던 것이다.

박열 군과 김한 군의 폭탄 입수 관계는 김상옥 사건 때문에 실패로 돌아간 것으로 되어 있다. 그러나 김상옥 사건의 내용은 대역사건 속에 나타나 있지 않다. 그 때문에 박열 군이 와신상담한 폭탄 입수에 성공하지 못했던 대역사건 미수의 진상은 매우 허무해서, 이른바 용두사미와 같은 불발로 끝난 것처럼 기술되어 있다.

필자는 김상옥 사건의 변호를 위해서 조선까지 출장했기

에 다행히도 그 내용을 알고 있으니 여기에 이른바 김상옥 사건의 진상을 덧붙여두기로 하겠다.

2. 총독부의 스파이공작과 김상옥 사건

김상옥 사건, 의열단의 수뇌 김사섭(金思燮) 군은 상해에서 조선으로 폭탄을 반입할 동지 중 한 사람으로 종로서에 재직하는 현직 경부보(警部補) 김상옥[9]을 의열단에 가맹시켰다. 그것은 김상옥이 조선총독부의 경부보라는 현직에 있으면서 총독부 정치의 악학(惡虐)한 내막에 비분하고, 의열단원이 신명을 바쳐 싸우는 조선 독립운동의 계획이 번번이 실패하여 감옥에 갇히는 희생을 개탄하여, 자신의 조선총독부에 재직하는 경부보라는 입장이 의열단에게 도움이 된다면 자신도 조선 민족의 한 사람으로서, 동지로서 참된 성의를 바치고 싶다고 맹세한 마음을, 동지를 통해서 전한 사실을 받아 신중하고 세밀한 조사를 거쳐 가맹시킨 것인데, 그러한 김사섭 군 등의 처치에 빈틈이 있었으리라고는 여겨지지 않는다.

그리고 김상옥의 첫 번째 동지로서의 활동은 압록강을 건너는 공용 출장을 이용해 공용 가방에 폭탄을 넣어 통관

---

9) 어디서 차질이 빚어진 것인지는 모르겠으나, 여기서 설명하고 있는 인물은 김상옥이 아니라 황옥인 듯하다.

검사를 기만하는 방법을 써서 반드시 폭탄을 조선으로 탈 없이 반입하기로 한 커다란 역할이었다.

이에 동행한 의열단원 2명과 김상옥은 함께 압록강을 건너는 관문 검사에 성공하기 위해서 관기인 기산(キ—サン)과 인력거에 동승하여 공직 출장에서 호쾌하게 노는 모습을 보이는 등, 여러 가지 수단과 방법으로 폭탄을 경성에 반입하는 책전(策戰)에 성공했다.

그런데 김사섭 군에게 그 반입한 폭탄을 건네주기로 한 날의 하루 전 밤에 김상옥의 가택수색이 행해져서 폭탄을 압수당함과 동시에 의열단 동지가 전부 검거된 사건이다.

이렇게 해서 마침내 공판이 시작되었는데 김상옥은 그 공판의 진술에서 참으로 증오스럽기 짝이 없는 총독부의 스파이공작을 폭로했다.

"나의 의열단 가맹은 상관의 명령에 의한 스파이 정책의 실천으로, 참된 의열단 가맹은 아니었다. 그 상세한 내용은 당시의 조선총독부 경무과장이었던 시라카미 유키치(白上佑吉)로부터 재관(在官) 스파이의 은밀한 명령을 받아 의열단 가맹에 성공한 가상금(嘉賞金) 하사와, 경부보라는 직무상의 편의를 이용하여 폭탄 수송이라는 커다란 역할을 맡게 된 외지 출장의 지령은, 의열단원 일망타진의 검거에 물적 증거를 갖춤과 동시에 검거망을 깔기 위해 온갖 수단을

다 동원한 경무과의 플랜에 의한 것이다."
라고 말하고,

"나는 의열단원으로서의 형사책임을 져야 할 사람도 아
니고, 또 폭탄 수입에 대해서 폭발물관리규칙 위반처분을
받아야 할 사람도 아니다."
라는 진술에 재판소 당국과 공동피고 모두 아연실색하고
말았다.

김사섭 군 등 의열단 수뇌부는 그러한 김상옥의 스파이
폭로를 듣고 당시의 상황을 되돌아보니, 꽤나 주의 깊게 그
의 정체와 동지감에 대해서 조사를 했다고 생각했으나, 참
으로 한방 먹은 흔적이 역력한 스파이 정책의 악랄함을 떠
오르게 하는 언동이 있었다고 변호인에게 고백했다.

이에 변호인인 필자는 총독부의 스파이 정책에 관한 진
상 폭로를 위해 시라카미 유키치 및 그 외의 증인 환문을
신청했으나 재판소는 이를 일절 채용하지 않았으며, 김상
옥은 일본 총독부의 스파이 역할을 수행했음에도 스파이로
서의 공로는 인정받지 못하고 속담에서 말하는 '토사구팽
(兎死狗烹)'의 원한을 품은 채 오히려 미라를 파러 간 사람
이 미라에 사로잡힌 것처럼, 의열단원으로 그들과 같은 죄
를 물어 폭탄 수입에 대해서는 폭발물관리규칙에 의해 처
분되었고, 김한 군과 연락한 박열 군의 폭탄 입수를 도중에

좌절시킨 것이었다.

덧붙여 필자의 소견을 직접적으로 말하자면, 김사섭 군 등이 상해에서 압록강까지 운반한 폭탄입수 경과에 있어서, 그리고 압록강에서 경성까지 폭탄을 수송한 배려에 대해서 참담한 고심을 거듭했으면서 한 발의 폭탄도 사용하지 못하고 도착함과 동시에 김상옥의 가택수색이 행해져 압수당했다는 일련의 과정은, 총독부에서 해가 발생하지 않도록 하며 의열단의 활동을 전개시킬 모든 준비를 마치게 해서, 의열단원을 검거할 물적 증거를 갖춤과 동시에 일망타진의 검거를 단행한 것이라는 김상옥의 스파이 폭로는 진실이라고 생각한다. 후에 결행된 김사섭 군의 니주바시 폭탄사건에 대해서도 필자는 총독부에 의한 스파이 정책을 탄핵하기 위해 시라카미 유키치 등의 증인 환문을 신청했으나 그때도 재판소는 총독부의 스파이 정책을 은폐하기 위해서 필자의 증인신청을 채용하지 않았으며, 재판관 기피신청으로 법정에 파란을 불러일으킨 적이 있었을 만큼 김상옥 사건의 진상은 박열 군의 대역사건과 관계된 폭탄입수의 수수께끼였다.

3. 대역사건의 사상적 배경

천황 타도를 위한 폭탄 입수 방법에 대해서 한 번은 프랑스의 혁명당과 연락이 닿는 선원과 상의를 했고, 또 한 번은 재일 동지를 규합하여 일본의 상점에서 0.02까지 발매를 허락하던 화약을, 수천 곳에서 사 모으려 했던 적도 있었으나, 역시 조국 조선의 강탈을 저주하여 일본 천황 타도에 목적을 둔 조선 동지인 의열단의 본거지 상해와 연락을 취하는 것이 가장 편리하고 폭탄 입수의 가능성도 가장 높았기에 의열단원 김한 군과 폭탄 입수를 위한 연락을 상의했으며, 박열 군이 2번이나 조선으로 건너갔고, 또 상해에서 의열단원 최영환(崔英煥)이 왔다는 관계 등, 의열단의 대일증오를 결집한 혁명선언에 마음이 움직인 영향이 크다.

필자는 조선에서 의열단 사건의 변호를 담당하며 김사섭 군, 김원봉(金元鳳) 군 등으로부터 의열단의 혁명정신을 듣고, 또 일본으로 건너와 니주바시 사건의 폭탄투척을 결행하여 무기징역 선고를 받고 지바 형무소에서 옥사한 김사섭 군도 변호한 관계로 의열단 사건의 혁명선언을 열람하고 그 장렬함을 크게 칭찬했다. 박열 군의 대역사건에서도 일본 정부는 의열단 사건의 혁명선언을 참고 기록으로 삼았으니, 박열 군의 대역사건과 의열단의 혁명정신은 일체불이(一體不二)의 관계가 있다고 해도 틀림이 없으리라 여겨진다. 이에 필자는 대역사건의 결행을 결의하기에 이른

사상 생장의 학교 시절을 이야기하고, 둘째로는 박열 군이 스스로 붓을 쥐어 일본의 권력계급에게 준 대일 증오의 폭탄적 격문을 현대적으로 의역하고, 셋째로 의열단의 혁명선언을 가장 이해하기 쉽도록 현대적으로 의역·편술하여 박열 군의 개인적 대일 증오사상을 지적함과 동시에 일반에게 대역사건의 사상적 근거를 밝히도록 하겠다.

Ⅳ. 조선혁명선언

1. 강도 일본에 잡아먹힌 조국 조선

강도 일본은 우리들의 조국 조선의 국호를 말살하고 정권을 약탈했으며 우리들의 생존적 필요조건을 박탈했다. 우리들 조국 조선의 경제적 생명인 산림, 옥야, 철도, 광산, 어업 내지 공업원료의 원시생산에서 가공제조에 이르기까지의 작업장을 전부 강탈하여 모든 생산기관을 상실케 했다. 이는 칼로 베고, 도끼로 찍어 가르는 것과 같은 방법이었다. 게다가 토지세, 가옥세, 인구세, 가축세, 백일세(百壹稅)와 그 외의 각종 잡세를 우리들 조선 민족의 부담으로 삼아 착취하여 마지막 피 한 방울까지도 빨아먹는 것과 같은 정치를 강제하고 있다.

아직 조금 남아 있는 조국 조선의 상업가는 일본의 제조품을 우리들 조선 민족에게 억지로 파는 중개인이 되어 있는데, 점점 강도 일본의 자본력 때문에 멸망할 것이 자명한 실정이다.

이렇게 해서 대다수의 우리들 조선 민족 가운데 가장 비참한 농민 대중은 피땀 흘려 토지를 경작하여 매해 상당한 수확을 거두고 있으나, 가족 모두는 먹을 것이 없으며, 그 생산한 쌀은 전부 일본에 빼앗기고 우리들 조선 민족은 만주에서 조와 피(稗)를 수입하여 먹지 않으면 안 된다.

우리들 조선 민족은 강도 일본놈들에게 잡아먹히고 있는 것이나 다를 바 없다. 왜냐하면 영원히 일하는 기계나 우마처럼 우리들이 일을 해서 얻은 수확은 그들에게 먹히고, 우리들은 먹어야 할 것도 먹지 못한 채 굶어죽도록 강도 일본놈들에게 취급당하고 있기 때문이다. 게다가 우마의 생활조차 용납되지 않는 것이 실정이다. 왜냐하면 일본의 이민이 매해 높은 비율로 증가하여 그들이 신고 온 나막신이나 아시다(足駄)10)에 의해 짓밟혀 죽는 우리들 조선 민족은, 점점 우리가 익숙하게 신어온 신으로 밟고 돌아다닐 토지도 줄어들고 있는 형편이기 때문이다. 그 때문에 깊은 산속, 들판의 끝, 서간도로, 북간도로, 시베리아의 황야로 내몰리거나, 달아나 아귀가 되고 유귀(流鬼)가 된다. 우리들 조선 민족의 모습이 얼마나 가엾은지를 스스로 돌아보면 눈물을 흘리지 않을 수 없지 않겠는가?

2. 조국 조선을 감옥으로 만들어버린 잔학한 일본

강도 일본은 헌병 정치, 경찰 정치를 힘써 행함으로써 우리들 조선 민족의 행동을 감시하여 일순·일분의 자유도 허락하지 않는다. 언론, 집회, 결사의 자유는 완전히 빼앗겨

---

10) 비가 올 때 신은 굽이 높은 나막신.

버리고 말았다. 괴로워도 괴롭다고 말하지 못하고, 울고 싶어도 울지 못하고, 분노와 원한과 저주의 말을 부르짖을 수도 없는 벙어리의 통한을 마음속으로 흐느끼고 있는 것이다. 소리도 내지 못하고 흐느껴 울고 있는 것이다. 행복과 자유에는 더 이상 손이 닿지 않는 장님과 다를 바 없으며, 귀조차 조국 조선의 말을 듣는 것이 금지되었고, 입조차 조국 조선의 말을 이야기하는 것이 봉쇄되어 아이들은 일문(日文)을 국문으로 삼은 노예양성소 학교에 수용되었고, 가끔 조선의 역사를 읽히는 경우가 있지만 조선의 국조를 스사노오노미코토(須佐之男命)[11]의 형제라고 거짓말을 하기도 하고, 삼한시대 이전에 한국 이남은 원래 일본의 영지였다고 하는, 일본인이 멋대로 만들어낸 거짓 역사를 읽게 한다.

신문, 혹은 잡지에서는 일본의 강도 정치를 찬미하고, 우리들 조선 민족을 노예로 삼는 것만을 쓰고 있다. 따라서 기개 있는 우리들 조선의 자제는 너무나도 가혹한 관헌의 압박에 염세(厭世)하거나, 절망하거나, 타락하여 자살하거나, 광인이 되거나, 그도 아니면 음모 사건이라는 이름 아래 감옥에 구속되어버리는 것이다. 감옥에 갇히게 되면 주정(周筳)이라고 해서 양쪽 넓적다리에 봉을 끼우고 짓누르

---

11) 일본의 신화에 나오는 신.

는 고문이나, 가쇄(枷鎖)라고 해서 무거운 판자의 중앙에 구멍을 뚫고 그 구멍에 머리를 넣게 해서 괴롭히는 고문이나, 또는 단근질 · 채찍질, 전기 불침 등과 같은 화형이나 침으로 찌르는 고문을 가하기도 하고, 다리를 묶어 거꾸로 매다는 온갖 야만스럽고 거친 고문, 어느 나라의 형벌사전에도 없을 정도로 가혹한 고문을 가하기 때문에 평생 불구 · 고질병이 되어 옥사하거나, 출옥하더라도 구실을 못하는 인간이 되어버리고 만다. 이렇게 해서 우리들의 조국 조선은 환해(環海) 삼천리의 반도가 그대로 일개 커다란 감옥이 되었으며, 우리들 조선 민족의 인류로서의 자격을 완전히 잃게 하고, 자동적 본능을 잃게 하는 노예적 기계화의 정치가 행해지고 있다. 강도 일본이 우리들 조선 민족의 생명을 먼지보다도 가볍게 보아, 을사(乙巳) 이후 13도에서 의병이 일어났으나 각 지방에서 일본군대가 멋대로 날뛴 폭행은 일일이 열거할 수도 없을 정도이다.

최근 3월 1일 독립운동 이후, 목원(木原), 선천(宣川), 국내 각지에서부터 북간도, 서간도, 러시아령 연해주 각지에 걸쳐서 우리들 조선 민족을 도륙하고 촌락을 불태우고, 재산을 약탈하고, 부녀를 오욕하고, 머리를 베고, 장을 도려내고, 또는 생매장을 하거나, 불태워 죽이거나, 몸을 2개 3개로 잘라 서서히 죽이거나, 부녀의 생식기를 파열시키거나,

할 수 있는 모든 참혹한 짓을 해서 보는 자에게 공포와 전율을 주어 강도 일본에게 저항하는 자는 이렇게 될 것이라는 공포정치를 제멋대로 행하고 있다.

3. 우리들의 적, 조국 조선의 적

너희들 강도 일본의 살육 정치, 이민족 통치 방법은, 이를 정치라고도 할 수 없는 민족의 도살이다. 그러나 우리들 조선 민족은 그래도 여전히 살아 있다. 살아 있는 한 목숨은 있는 것이다. 목숨이 있는 한 반항은 계속될 것이다. 반항을 계속하기 위해서는 일본에서 혁명을 일으키는 폭력적 돌격으로 매진하는 것이 가장 빠른 지름길이니, 그 폭력적인 돌격을 강도 일본에게 선언한다. 그와 동시에 우리들의 선언을 방해하는 놈들에 대해서도 역시 폭력적 돌격을 선언한다.

4. 내정 독립운동의 통격(痛擊)

우리들 조선 민족의 내정 독립에 대해서, 또는 참정권 획득에 대해서, 혹은 자치권 요망에 대해서 운동을 하고 있는 자들도 있으나 그들은 모두 강도 일본의 앞잡이들로 우리들의 선언을 방해하는 놈들이다. 그들 내정 독립운동자들은 동양평화, 한국 독립보전 등을 담보로 하는 조약을 맺어봐야 그 조약이 누구에게 도움이 되는지를 모르는 것이다. 조약의 먹물이 채 마르지도 않았는데 삼천리 조국 조선의 국토를 잠식해버린 강도 일본의 역사적 죄악을 잊은 것이다. 우리들 조선 민족의 생명, 재산, 자유의 보호, 행복의 증진 등이 몇 번 성명되어도, 선언 되어도 그런 것은 그저 말뿐인 공염불이고, 그들에게 필요하면 잠시도 망설이지 않고 이를 헌신짝처럼 내버려 우리들 조선 민족 삼천만의 생명을 지옥에 처박는 것조차 아무렇지도 않게 생각한다는 사실은 3월 1일의 운동 이후, 강도 일본이 우리들 조선 민족에게 어떤 탄압의 손길을 내밀었는지를 생각해보면 알 수 있는 일이다. 게다가 교활하고 노회한 강도 일본은, 우리들의 독립운동을 완화시키기 위한 수법으로 송승준(宋乘晙), 민완식(閔完植) 등의 매국노 일당을 조종하여 그러한 주장을 펼치게 하고 있는 것이다. 따라서 이들 매국노에게 부화(附和)하는 자는 장님이 아니라면 간적(奸賊)이다. 강도 일본이 말 그대로 관대한 도량으로 우리들의 요구를 허락해줄 것이라고 생각한다면 커다란 착각이다. 또한 만약 허락한다 할지라도 이른바 내정 독립을 얻은 경우 각종 이권을 되찾아오지 못한다면 우리들 조선 민족은 단지 굶어 죽을 뿐으로, 참정권이네, 내정 독립이네 하는 것만으로 우리들의 배는 부르지 않을 것이다. 또한 참정권을 획득했다

할지라도 우리들 조선 무산계급의 마지막 피 한 방울까지 착취하는 자본주의 일본의 식민지가 되어 있는 한은 몇 명의 노예대의사를 선출한다 할지라도 우리들 조선 민족이 굶어죽는 재앙에서 벗어날 수 없다는 점은 너무나도 자명한 사실이다.

5. 조선 자치운동의 꿈을 깨라

다음으로 자치가 허용되었을 경우, 대체 어떤 종류의 자치일까를 생각해보면, 일본이 그 강도적 침략주의의 목적으로 삼고 있는 제국이라는 명칭을 버리지 않는 한, 그 아래에 부속되어 있는 조선 인민의 자치는 그저 허울뿐, 민족적인 생존을 유지할 수 있는 자치일 리가 없다. 설령 강도 일본이 하룻밤 사이에 부처님의 마음이 되어 총독부를 철폐하고, 각종 이권을 우리들 조선 민족에게 환부하고, 내정과 외교 모두를 우리들 조선 민족의 자유에 맡기고, 일본의 군대와 경찰을 일시에 철폐하고, 일본의 이주민을 일시에 소환하여 조국 조선의 통치권을 우리들이 행사하고 싶은 대로 행사하게 한다 할지라도 우리들이 기억하는 일본과 조선의 역사적 관계에 의하면, 우리들 조선 민족에게 통치권이라는 허명을 부여하는 것일 뿐이다. 우리들의 조국 조선에 참으로 우리들의 자유로운 독립 통치를 허락할 리 없다는 사실은 불을 보듯 뻔한 일이다. 그들은 반드시 일본을 종주국으로 받들라는 굴욕적인 명칭을 우리들에게 강요할 것임에 틀림없다.

6. 문화운동의 마취에서 깨어나라

우리들 조선 민족이 인류로서 참기 어려운 것을 참아야 하는 일한관계가 계속되는 한, 강도 일본의 정치가들이 말하는 어떠한 문화운동이 행해지고 주창되어지든, 참된 문화는 산업과 교육이 발달된 민도(民度)의 총합을 가리키는 것이니 경제 박탈의 제도 아래서 생존권을 빼앗긴 우리들 조선 민족을 문화적으로 발전시킨다는 것은 언어유희에 지나지 않는다. 저 쇠망한 인도족, 유태족에게 문화가 있다고 하는 것은 금전의 힘을 가진 경제적 실력이 계속되고 있기 때문이다. 광대한 토지, 수많은 사람들을 가진 옛날부터의 자유가 발달되어온 음덕 때문이다.

사갈시랑(蛇蝎豺狼)처럼 사람의 피를 빨고 골수까지 씹어 부수는 강도 일본의 입에 걸린 우리들 조선 민족과 같은 입장에 있는 자에게는 문화의 발전도 종족의 보전도 있을 수 없다는 사실을 마음 깊이 새기고 생각해야 할 것이다.

신문과 잡지가 검열받고 압수당하는 곳에 문화운동의 혜택이라 자칭하는 신문이나 잡지가 있다 할지라도 그것은 우리들 조선 민족을 미혹케 하는 불행이지, 결코 행복한 문화의 진전은 아니다.

7. 적의 소재를 밝혀내라

우리들 의열단원은 위에서 극명하고 정확하게 지적한 이유에 근거하여 우리들의 적인 강도 일본과 끝까지 투쟁할 것을 선언하는 바이다. 그리고 내정 독립자, 자치운동자, 참정권론자, 혹은 강도 정치 아래에 기생하는 친일주의 문화운동론자도 또한 적으로 간주할 것을 선언하며, 더불어 그들 우리들의 선언을 방해하는 놈들과도 투쟁할 것을 성명한다.

강도 일본을 구축하는 선언 가운데, 다음과 같은 논자도 있음을 의열단은 여기서 지적해두겠다.

8. 외교론의 오류를 지적한다

그 첫 번째는 잘못된 외교론이다. 이조 500년의 문약정치가 외교를 호국의 양책으로 인정케 했으며, 그 말세에 와서 가장 극심했다는 점을 지적하겠다.

그들 외교론자의 방법이 거의 외국의 지원에 의해 결정된 외교정책의 잘못을 깨닫지 못하게 하고 있는 것이다. 즉, 갑국(甲國)을 불러들여 을국(乙國)을 제지하거나, 을국에 의지하여 갑국을 배척하는 일반적 습성이 일반사회에 전염되어, 갑오(甲午) · 경신(庚申)의 양 전란에 있어서 일본이 수십만의 생명과 수억만의 재산을 희생으로 청나라와 러시아 양국을 배척하고 우리들의 조국 조선에 대한 강도적 침략주의를 관철시켰을 때 우리들의 조국 조선을, 사랑하는 민족을 구한다고 칭한 외교사령을 진심으로 받아들인 것이 얼마나 한심한 일이었는지를 생각해보기 바란다.

칼 한 자루, 총탄 하나 손에 들고 강도 일본과 싸울 줄 모르는 우매하고 빈약한 관리들도, 국적(國賊)과도 같은 외교론자가 조회문(照會文) 정도를 열국 공사관에 보내고, 혹은 문서를 일본정부에 보내 국정의 실책을 애소(哀訴)하여 국가존망 · 민족사활이라는 커다란 문제에 대해 외국인, 혹은 적국인의 처분만을 기다린 방법의 기백 없음을 돌아보아 수치를 알 필요가 있다.

을사조약 · 갑술조약의 일한병합, 즉 조선이라는 국호를 세운 이래 수천 년 동안 우리가 친숙하게 대해온 국호를 빼앗긴 굴욕에 대해서 우리들 조선 민족은 일본을 불구대천(不俱戴天)의 원수로 알고 있으나, 겨우 하얼빈의 총격으로 보복하고, 종현(鐘峴)의 칼[12], 산림유생이 의병을 일으켜 강도 일본을 적으로 삼은 의지를 표시했을 뿐이라는 사실

---

12) 이재명 의사가 이완용을 칼로 찌른 일을 말함.

은 얼마나 슬픈 일이란 말인가! 아아, 지난 10년의 역사를 돌아보라. 용기 있는 자가 보기에 이는 타기해야 할 외교의 유약이었다. 어진 자가 보기에 이는 상심을 견딜 수 없는 일국의 참사였다. 해외로 나간 동포 지사 가운데는 무엇보다 외교만을 유일한 능사로 알고 국내 인민의 독립운동 선동방법과 더불어 미래의 일미전쟁 등의 기회를 틈타야 한다고 논하는 자도 있다. 그러나 우리들은 그처럼 언제 일어날지 알 수 없는 전쟁만을 기다리고 있을 수는 없다. 최근 3월 1일의 운동에서 일반 인사 가운데 헤이그 회담이나 국제연맹에 대한 의존을 선전하는 자가 있어서, 오히려 삼천만 우리들 조선 민중의 분투적, 돌격적 의지를 쳐 없애는 매개물이 되어버린 흠이 있다는 점도 우리들은 분명히 지적하고 그들 외교론자를 적으로 삼을 것을 성명한다.

9. 준비론의 어리석음과 우매함과 기만

그 다음으로 준비론이라는 것이 있다는 사실도 여기서 또 지적해두고 싶다.

을사조약 당시, 열국 공사관에 빗발처럼 쏟아졌던 종잇조각의 효과를 돌아봐도 알 수 있는 일이지만, 그런 것으로 나라의 권리를 유지하기는 불가능하다. 정미년(1907)의 헤이그 밀사도 독립회복의 복음을 가져오지는 못하지 않았는가? 이렇게 해서 점점 외국에 대한 무기력함이 폭로되기 시작하면 역시 전쟁을 할 수밖에 없는데 전쟁을 하기 위해서는 준비가 필요하다는 것이 준비론이다. 그러나 생각해보기 바란다. 군인도 없고, 무기도 없는 우리들 조선 민족이 무엇으로 전쟁을 할 수 있겠는가? 그들 산림유생은, 춘추의 대의를 앞세워 승패를 가늠하지 않고 의병을 응모하여 대관대위(大官大位)로 지휘의 대장을 삼았다. 사냥꾼의 화승총 부대를 모아 조선과 일본의 전투에 나섰다고 하는데, 지금 신지식을 갖고 있는 자, 신문 정도는 읽을 줄 아는 자는 이러한 시세를 어떻게 생각하고 있을까? 전투를 치를 용기도 없으며, 지금 일본과 전투하는 것은 망동이라고 말한다. 전쟁을 하기 위해서는 총기도 제조하고, 자금도 조달하고, 대포도 구하고, 장관(將官) 및 사졸이 될 인물을 양성한 뒤가 아니면 일본과 전쟁을 할 수 없다고 주장하는 것이 준비론이다. 그런데 전쟁을 준비한다고 하는 자들의 태도는 어떠한가? 외국의 침입이 더해감에 따라서 우리들의 일족을 한층 더 어려움에 빠뜨리기만 하고 있지 않은가? 준비론의 범위가 전쟁 이외로까지 확장되어 교육의 발흥 및 상공업의 발전은 물론 그 외의 문화 부분까지 준비를 해야 한다고 주장하고 있는 준비론자의 어리석음은 참으로 꼴사납다. 갑술년 이후, 그들 준비론자가 혹은 서북간도의 삼림을 더

듣어 가고, 혹은 시베리아의 찬바람을 맞고, 혹은 남경과 북경을 배회하고, 혹은 미주 하와이로 건너가고, 혹은 경향 (京鄕)에 출몰하고, 10여 년 내외의 성상을 각지로 전전하며 목이 터져라 준비론을 부르짖었으나, 그것으로는 안 된다. 그것은 우리들의 세력이 부족한 것이 아니라 주장이 잘 못된 것이다. 강도 일본이 정치 · 경제 양면에서 공격을 해와 조선의 경제가 나날이 곤란함에 빠지고, 생산 기관은 전부 박탈당하고, 의식(衣食)의 방법을 단절당한다면, 무엇으로 실업을 발전시킬 수 있겠는가? 무엇으로 교육을 발흥시킬 수 있겠는가? 또 어디서 어떤 군인을 양성할 수 있겠는가? 설령 양성했다 할지라도 일본이 가진 전투력의 100분의 1에도 미치지 못할 것이다. 그런 꿈과 같은 일을 생각하는 준비론이나 외교론은 민중의 직접적 혁명수단을 기만하는 것이라는 사실을 우리는 그들 앞에서 분명히 선언한다.

그리고 그러한 준비론이나 외교론자와도 역시 투쟁할 것을 힘차게, 힘차게 성명한다.

10. 우리들의 혁명이론과 혁명선언

조선 민족의 생존을 유지하려면, 강도 일본을 구축하려면, 혁명으로 할 수밖에 없다. 혁명이 아니고는 강도 일본을 구축할 수가 없다.

그렇다면 우리가 혁명에 종사하려면 어느 방면에서부터 종사를 해야 할까? 구시대의 혁명론으로 논하자면, 인민은 국가의 노예로 이른바 혁명이라는 것은 이 특수한 세력의 명칭을 변경하는 것에 지나지 않는 것이라 일컬어졌다. 을의 특수세력으로 갑의 특수세력을 변경하는 것이 혁명이라고 일컬어졌다. 그렇기 때문에 인민의 대부분은 혁명에 대해서 단지 갑을 양 세력, 즉 신구 세력의 어느 한쪽에 의지할 뿐으로, 어느 쪽이 포학한지, 어느 쪽이 참된지, 어느 쪽이 선한지, 어느 쪽이 악한지를 보고 그 향배를 정했다. 혁명 그 자체에는 거의 직접적으로 관계하지 않은 채 혁명이 행해진 것이 그 실정이다. 갑의 정치하에서 그 인민을 애무하는 을이 한 혁명의 지도자가 되고, 그 혁명을 단사호장(單食壺漿)[13]으로 맞아들인 혁명사상의 미담도 있었으나, 우리들의 혁명은 그런 옛날부터 내려온 혁명과는 다르다. 민중이 참으로 혁명을 하기 위해서는 민중혁명, 직접혁명을 단행해야 한다. 우리들의 혁명은 민중의 직접혁명이기 때문에 그 끓어오르며 팽창하는 열기는 숫자상의 강약으로는 헤아릴 수 없을 만큼 강렬하다. 수학상의 강약을 비교하는 관념을 타파하고, 그 결과의 승패가 언제나 전쟁학상의 상식적 범주에서 벗어나기 때문에, 치우침이 없고 아첨하

---

13) 백성이 군대를 환영하기 위하여 갖춘 음식.

지 않는 민중으로 백만의 군대, 억만의 무력을 가진 제국도 타도할 수 있는 것이다. 이렇게 해서 강도 일본을 구축하는 것이 우리들 혁명의 첫걸음인 것이다.

그렇다면 민중은 어떻게 해야 그런 각오를 할 수 있을까? 민심은 신인(神人), 성인(聖人) 혹은 영웅호걸이 나와서 민중이 자각해야 할 사상을 인도하여 각오하게 해야 한다고 생각하는 것은 아직 민중 자신을 알지 못하는 자의 착각이다. 민중은, 민중이여 각오하라는 열광적인 목소리에 의해서 각오하는 것이 아니다. 민중이 민중을 위해서 모든 불평, 모든 부자연스러움, 모든 불합리한 민중의 장애를 타파하는 것을 자각케 하는 목숨을 건 모범만이 민중을 각오하게 하는 유일한 방법이다. 다시 말해서 배움이 부족한 민중이라 할지라도 민중 전체를 위해서 혁명적 선구자가 목숨을 걸고 모범을 보이면 후속하는 민중의 각오를 지도할 수 있는 것이다. 그것은 일반 민중이 기아와 곤고함으로 내모는 납세의 독촉, 채무에 대한 재촉, 행동의 부자유 등 온갖 압박 때문에 살려고 해도 살지 못하고, 죽으려 해도 죽지 못하는 모든 부자연스러움, 모든 불합리를 자각하고 불타오르는 듯한 불평·불만을 가슴 속에서 폭발시켜 그 압박의 주요 원인인 강도 정치의 실시자를 타도하고 강도 정치 일체의 시설을 파괴함으로 해서 혁명의 복음을 사해에 전하고, 뭇 민중이 동정의 눈물을 뿌려 사람들이 아사하는 것 외에 혁명이라는 한 줄기 길이 열려 있을 뿐이라는 사실을 깨달아, 용기 있는 자는 그 의분에 일어서고, 젊은이는 그 고통에 못 견뎌 일어서고, 만민 모두 그 길에 집중하여, 계속적으로 혁명운동을 추진하고 보편적으로 발전시켜 거국 일치의 일대 혁명이 된다면 그때야말로 교활하고 난폭한 강도 일본을 구축할 수 있을 것이다. 따라서 우리들이 조국 조선의 모든 민중을 각성시켜 강도 일본의 통치를 타도하고, 우리들 조국 조선 모든 민중의 새로운 생명을 개척하기 위해서는 십만의 병사를 양성하기보다 한 발의 폭탄이 필요한 것이다. 아니, 그보다는 폭탄 하나를 끌어안고 폭탄과 함께 커다란 불평·불만을 폭발시켜 목숨을 걸고 모범을 보일 혁명적 투사를 필요로 하는 것이다.

만약 민중의 폭력적 혁명이 발생하지 않는다면 모르겠으나, 이렇게 해서 일단 폭력적 혁명이 발생한 이상은, 마치 절벽에서 굴러떨어지는 바위처럼 목적지에 도달하기 전까지는 정지하지 않는 것이 우리들의 혁명이다.

우리들 조선의 지난 역사에서 이를 살펴보자면 갑신정변은 특수세력이 다른 특수세력과 충돌한 일장일시(一場一時)의 활극이었다. 갑술 전후의 의병 등은 충군·애국이라는 한심한 대의 아래 궐기한 독서 계급의 사상적 유희였다.

안중근(安重根), 이재명(李在明) 등과 같은 열사의 폭력적 행동은 열렬했다. 그러나 배후에 민중적 폭력의 기초력이 없었다. 3월 1일 운동의 만세 봉기에는 민중적 일치의 뜻이 있었다. 그러나 이 역시 폭력적 중심을 가진 혁명력이 없었다. 민중적 폭력과 목숨을 건 모범적 혁명 선구자 가운데 어느 한쪽이 결여되어 있으면 제아무리 도도하고 장쾌한 거동이 있어도 번갯불처럼 일시적인 것이 되어버리는 법이다.

조선 안에 강도 일본이 제조한 혁명의 원인은 산더미처럼 쌓여 있다는 사실을 알아야 한다. 하나같이 민중이 폭력적 혁명을 개시하기에 충분한 주요 원인이 산더미처럼 쌓여 있는 것이다. 독립하지 못하면 생존하지 못하고, 일본을 구축하지 못하면 우리들 있을 곳이 없다는 구호로 우리들 혁명을 계속 전진시켜 나간다면 반드시 목적을 관철시킬 수 있을 것이다.

11. 폭력혁명의 목표

경찰의 칼, 군대의 총, 혹은 교활한 정치력과 같은 수단으로 막을 수 있는 것이 아니다. 혁명의 기록은 반드시 찬란하고 처절한 기록이 될 것임을 믿어 의심치 않는다. 그러나 물러나면 그 뒤는 암흑의 함정이다. 혁명의 앞면은 광명의 활로(活路)다. 우리들 조선 민족은 그 찬절(燦絶)하고 장절(壯絶)한 기록으로 전진해야 한다.

여기서 우리는 폭력, 암살, 파괴, 폭동의 목적물을 열거하겠다.

첫째는 조선총독 및 각 관공리다.

둘째는 일본 천황 및 각 관리다.

셋째는 적의 모든 시설물이다.

이 외에도 각 지방의 신사(紳士), 혹은 부호 가운데 혁명운동을 방해하는 자는 물론, 적극적으로 방해하지는 않았으나 언동으로 우리들의 운동을 완화시키려 하거나, 또는 조소하는 자는 우리들의 폭력으로 타도해야 한다.

일본인 이주민은 일본 강도 정치의 기관(機關)으로 조선 민족의 생존을 위협하는 선봉이니 이들 역시 우리들의 폭력으로 타도해야 한다.

12. 파괴와 건설의 상호관계

혁명의 길은 파괴에서부터 개척해야 한다. 그러나 혁명을 위해서 파괴하는 것이 아니다. 건설을 모르면 파괴할 수 없으며, 파괴를 모르면 건설할 수 없다. 건설과 파괴는 형식상 구별된다. 그러나 정신상으로는 파괴가 곧 건설이다. 건설이 곧 파괴다.

13. 이민족 정치의 파괴

이를 구체적으로 말하자면 우리들이 일본 세력을 파괴하려 하는 목적은 첫째로 이민족 통치를 파괴하는 것이다. 왜냐하면 조선 위에 일본이라는 이민족 자체가 야만적 정치를 행해, 이민족의 야만적 정치 아래에 있는 조선은 고유적 조선이 아니니 고유적 조선을 발족하기 위해서 이민족 통치를 파괴하는 것이다.

14. 특권계급의 파괴

둘째는 특권계급을 파괴하는 것이다. 왜냐하면 조선 민중 위에서 총독이네 뭐네 하는 강도단의 특권계급이 압박을 가하고 있기 때문에 특권계급의 압박 아래에 있는 조선 민중은 자유적 조선 민중이 아니기 때문이다. 우리들은 참으로 자유로운 조선 민중을 발견하기 위해서 특권계급을 타파하는 것이다.

15. 경제약탈제도의 파괴

셋째는 경제약탈제도를 파괴하는 것이다. 왜냐하면 약탈제도 아래에 있는 경제는 민중이 자신의 생활을 위해서 조직한 경제가 아니기 때문이다. 민중을 살육하는 강도의 배를 채우기 위한 조직이기 때문이다. 그런 약탈적 경제조직을 파괴하는 것은 민중생활을 발전시키기 위해 필요하기 때문이다.

16. 사회적 불평균의 파괴

넷째는 사회적 불평균을 파괴하는 것을 최후의 목적으로 지적하겠다. 왜냐하면 약자 위에 강자가 있고, 선한 자 위에 악한 자가 있고, 정직한 자 위에 기만하는 자가 있다는 사실에 불평을 품지 않는 자가 없기 때문이다. 사회는 서로 약탈하고 서로 질투, 배격하는 불평균의 사회가 되어 있기 때문이다. 처음에는 대중의 행복을 꾀하기 위해 다수의 민중을 탄핵했던 사회의 평균력이, 결국 소수의 행복을 위해서 대중을 탄압하고 마침내는 민중 전체의 행복을 숫자상 제로로 만들어버렸기 때문이다.

17. 노예적 문화의 파괴

다섯째로 노예적 문화사상을 파괴하는 것이다. 왜냐하면 종래의 문화사상 가운데 종교, 윤리, 문학, 미술, 풍속, 습관은 모두 강자가 제조한 것으로 강자를 옹호하는 것이기 때문이다. 일반 민중을 노예화하는 마취제이기 때문이다. 소수의 계급이 강자가 되고 다수의 민중이 오히려 약자가 되어 무기의 압제에 반항하지 못하는 것은 노예화하는 사상에 속박되어 있기 때문이다. 우리들이 민중적 문화를 제창하여 속박의 쇠사슬을 풀지 않으면 일반민중의 권리 사상을 높일 수 없기 때문이다. 자유 향상의 자각이 결핍되어 노예의 운명 가운데서 떠돌아다닐 뿐이기 때문이다. 그렇기 때문에 참된 민중문화를 제창하기 위해서는 노예적 문화사상을 파괴할 필요가 있다고 하는 것이다. 다시 말해서 고유적 조선을 건설하기 위해, 이민족 통치의 약탈제도인 사회적 불평균을 파괴하겠다는 것이다.

18. 맺음말

이렇게 해서 파괴의 정신은 건설적 주장이 된다. 나아가면 파괴의 검이 되고, 들어오면 건설의 밭이 된다. 파괴할 기백은 없고 건설에 대한 이상만 있으면, 5백 년이 지나도 혁명운동은 운동의 꽃만 피울 뿐, 그 열매는 맺지 못한다. 따라서 건설과 파괴는 둘이 아닌 하나라는 사실을 알아야 한다. 민중적 파괴의 앞길에는 반드시 민중적 건설이 있다. 현재 조선 민중은 새로운 조선 건설에 장애가 되는 강도 일본 세력을 민중적 폭력으로 파괴할 수밖에 없다는 사실을 알고 있다. 조선 민중이 한 무리가 되고, 강도 일본이 한 무리가 되어 그들이 망하지 않으면 우리가 망하는 외나무다리에서 만나게 된 것과 같은 상황이다. 우리들 조선 민중은 일치하여 폭력파괴에 맹진하기로 하자. 선언의 요지는 우리들의 혁명을 지도하는 커다란 본의(本意)다. 폭력은 우리들 혁명의 유일한 무기다. 우리들은 민중 속에서 민중과 제휴하여 끊임없이 폭력, 암살 등의 파괴를 행해 강도 일본의 통치를 타도하겠다. 그들 생활의 불합리한 모든 제도를 타도하여 모든 인류를 해방하겠다.

인류로써 인류를 압박하지 못하고, 사회로써 사회를 고정하지 못하는 이상적인 조선의 건설을 촉진하자.

4256년 1월
의열단(義烈團)

V. 대일 증오의 폭격

앞의 사상을 반영한 것이 박열 군의 대일 증오다.

「너희들 포학한 일본의 권력계급이여! 다른 인종이나 다른 민족의 폭려(暴戾)에 대해서는 정의·인도의 깃발을 들고 거의 열광적으로 떠들어대는 일본인이여. 자신들의 폭려에 대해서는 강 건너 불구경하듯 흘려버리는 파렴치한 너희들의 태도를 스스로 되돌아보고 부끄러움을 알지 못하겠는가?

지난 십수 년 동안 너희들이 우리들 조선 민중에게 행한 수많은 폭려와 참학(慘虐)들을 떠올려보라. 그리고 그것이 얼마나 잔혹하기 짝이 없는 것이었는지를 생각하라. 그 때문에 우리들 조선의 동포가 얼마나 많은 피를 흘렸는가? 우리들은 죽어서도 잊지 못할 것이다.

너희들은 합의한 것이라고 말하며 일한병합을 축제처럼 떠들어댔지만, 그것은 너희들의 축제이지 우리들 조선의 민중은 눈물로 필사의 항쟁을 한 난투였음을 기억하라.

그럼에도 불구하고 너희들은 지칠 줄 모르는 제국주의적 야심에서 교활하기 짝이 없는 책략으로 세계를 기만하고, 난폭하기 짝이 없는 병사와 검을 앞세워 마침내 우리들 조선의 조국을 강간적으로 병합하지 않았는가?

화간(和姦)인지 강간인지를 생각해보라. 너희들은 강간이라 할지라도 아이가 태어나면 화간이라고 말할지 모르겠으나 아이가 태어나든 태어나지 않든 강간은 강간이다. 일한병합에 반대한 조선 각지의 의병에 대해서 너희들은 이를 폭도라 불렀지? 그리고 잔인하게도 이를 학살했지?

너희들이 말하는 합의란 결국 학살하는 것이냐? 학살당한 사람은 말이 없다. 말이 없다고 반대하지 않는 것이란 말이냐? 죽여놓고 말이 없으니 합의한 것이라고 하다니, 이 무슨 소리란 말이냐? 너희들이 말하는 대로 굴려도, 잡아끌어도 말이 없는 그 시체가 합의란 말이냐? 장난에도 정도가 있는 법이다.

나는 너희들 일본 권력계급의 언행이 증오스럽다. 그래, 한 걸음 양보해서 너희들 말대로 우리들의 조국 조선이 합의적으로 병합된 것이라 할지라도, 병합된 후의 조선이 어떤 상태에 빠졌는지를 생각해본다면 병합의 잘못을 깨달을 수 있지 않겠느냐? 그럼에도 불구하고 일단 병합했으니 분리 독립은 절대로 안 된다는 너희들의 말은 대체 무슨 논리란 말이냐? 처음부터 강간적으로 병합해놓고 화간이라 부르려 하는 너희들의 음흉함이여.

너희들은 이렇게 해서 이른바 합의적 일한병합을 단행함

과 동시에 우리들의 세계적 활동을 막기 위해서 견고한 포대와 카키색 말뚝으로 조선반도 주변을 둘러싸, 조선반도를 그대로 감옥처럼 만들어버렸다.

너희들은 음험한 책략과 잔인한 검과 협박으로 우리들 조선 민족의 완전한 멸망을 꾀하고 있으나, 우리들은 너희들의 지칠 줄 모르는 제국주의적 야심의 희생이 되기 위해서 태어난 것이 아니다. 우리들에게 주어진 유일한 운명이, 너희들이 멋대로 가지고 노는 장난감은 아니다. 또한 우리들은 너희들의 조국 조선 강탈을 피할 수 없는 운명이라고도 생각지 않는다.

우리들은 이렇게 잔인한 운명에 대해서 반드시 복수할 것을 맹세하겠다.

우리들은 너희들이 행한 포학함과 함께 그 악마와도 같은 방법을 한없이 저주하고 있다.

붉은 피를 토하며 쓰러질 때까지 반항하고 싸울 것이다. 우리들은 희생당한다 할지라도, 그냥은 희생당하지 않을 것이다. 우리들은 멸망한다 할지라도 그냥은 멸망하지 않을 것이다. 반드시 복수할 것이다.

너희들이 아무리 엄중하게 단속한다 할지라도 우리들 조선 삼천만 민족이 완전히 멸망당하는 마지막 한 사람까지 우리들의 복수전은 계속될 것이다. 아니, 너희들의 압박이 심해지면 심해질수록 우리들의 가슴속에서 피어오르는 항쟁의 의식은 더욱 세차게 불타오를 것이다. 우리들의 복수전을 더욱 맹렬하게 전개할 것이다. 따라서 너희들이 그 가득한 제국주의적 야심을 품은 채, 이른바 문명적으로 간접화하고 음험화하여 이른바 문화정치네, 인정이네 하는 것을 행한다 할지라도, 우리들은 여전히 폭탄 · 총기 수입을 마음대로 해보일 것이다.

이른바 불령선인에 의한 암살 · 폭격은 더욱 빈번하게, 더욱 심각화하여 너희들을 습격할 것임을 각오하라. 너희들의 이른바 엄중한 단속은, 우리들에게는 단순히 일종의 흥분제로 도움이 된다는 사실을 알라.

너희들의 이른바 문화정치나, 이른바 인정도 우리들에게는 단지 문화(蚊禍) 정치, 혹은 진정(塵政)에 지나지 않는다는 사실을 폭로하여 되돌려주겠다.

×   ×   ×

너희들 가운데 어떤 자는 말한다.

"조선 민족은 일본 민족과 같은 뿌리, 같은 족속, 동지이니 독립할 필요가 없으며, 또 독립의 의의도 없다."

이 무슨 망발, 폭언이란 말이냐. 그렇다, 조선 민족과 일본 민족은 어떤 의미에서는 틀림없이 같은 뿌리, 같은 족속일지도 모르겠다. 그러나 그렇게 말한다면 생물학적으로는 호랑이도, 개도, 뱀도, 구더기도, 냉이도 모두 같아서 우리들과 같은 뿌리, 같은 족속이 될 것이다.

또한 화학적 성분으로 보자면 진흙과 모래, 암석도 같은 뿌리, 같은 족속이라고 할 수 있을 것이다.

그러나 너희들은 그 동근동족(同根同族)이라는 이유로, 그들이 너희들의 생명을 위협할 경우 페스트균과도 동근동족, 독사ㆍ맹수와도 동근동족이라고 말하며 악수하고 제휴할 수 있겠는가? 그럴 수 없을 것이다. 너희들은 동근동족인 일본인 사이에서조차 약한 자들을 괴롭히고 있지 않은가? 우리들 조선인도 약하기 때문에 시달리고 있는 것이다. 동근동족이니 괴롭히지 않는다는 논리와는 의미가 전혀 다르다.

또한 너희들 가운데 어떤 자는 말한다.

"인간의 싸움은 부락과 부락의 싸움에서 나라와 나라의 싸움으로, 민족과 민족의 싸움으로 진화해왔다. 그리고 지금은 그 싸움의 범위가 확대되어 인종과 인종의 싸움, 특히 백색인종과 유색인종의 싸움, 서양인종과 동양 민족의 싸움, 특히 유럽인종과 아시아인종의 싸움이 되어 있으니 백색인종이 단번에 습격해올 틈을 주지 않기 위해서라도 유색인종, 아시아 인종은 동근동족임을 깨달아 조그만 감정의 알력은 배척하고 일치단결해야 한다."

그러나 실제로 우리들 조선 민족은 동근동족이라고 하는 너희들로부터, 저 멀리에 있는 백색인종의 제국주의적 습격에 대한 위협보다 훨씬 더 절박하고 극심한 박해를 받고 있지 않은가? 따라서 우리들은 무엇보다 먼저 이 문제를 근본적으로 해결하지 않으면 안 된다. 그런데도 너희들은 무엇보다 중대한 이 문제를 해결하려 하지는 않고 단지 같은 인종이라는 이유만을 들어 우리들에게 일치단결을 강요하니, 이는 그렇게 함으로 해서 너희들의 정복자적 위치를 하루라도 더 길게 유지하려 하는 너희들의 지칠 줄 모르는 제국주의적 야심의 발동에 의한 일종의 악질적 장난에 지나지 않는 것이다.

우리에게 그러한 장난의 희생이 되어야 할 이유는 어디에도 없다. 너희들이 외부로부터 침략받지 않으려 하고, 혹은 외부에 굴복하지 않으려 하는 자유의 정신을 본능적으로 가지고 있는 것처럼 우리들 조선 민족도 역시 너희들에게도 뒤지지 않을 만큼 그러한 자주적 정신을 본능적으로 가지고 있다.

×   ×   ×

천황제 타도

또한 너희들이 전통적으로 너희들의 역사, 토지, 종교, 도덕, 풍속, 습속을 가지고 있는 조국 감정을 일종의 신비적인 사상과 결합하여 언제나 그것을 깊이 사랑하고, 존중하고, 옹호하고 있는 것처럼 우리들도 너희들 못지않게, 어떤 의미에서는 너희들보다 더 이러한 것들을 전통적으로 가지고 있어서 우리들 조선 민족 대부분은 이것을 늘 깊이 사랑하고 존중하고 옹호하고 있다.

우리들 조선 민족이 가지고 있는 전통의 대부분이 너희들 제삼자가 보기에는 논리적으로, 비평적으로 황당무계한 일종의 신화소설, 동화, 혹은 우스운 가치밖에 갖고 있지 않은 것이라 할지라도 상관없다. 왜냐하면 너희들의 전통도 역시 우리들 제삼자가 보기에는 논리적으로, 비평적으로 매우 황당무계한 일종의 신화소설, 동화, 혹은 단순한 미신적 가치밖에 가지고 있지 않은 것이기 때문이다.

×   ×   ×

너희들 가운데 또 어떤 자는 이렇게 말한다.

"일한병합은 동양평화의 확보를 위해서 어쩔 수 없는 일이다.”

그러나 생각해보기 바란다. 이른바 그 동양평화의 확보를 위해 강탈한 일한병합이 동양평화를 착란시킨 얼마나 커다란 원동력이 되었는지를 깨달아라. 그리고 그것은 너희들이 우리 조선반도에 대한 제국주의적 야심을 완전히 포기하지 않는 한, 또는 너희들이나 우리들이나, 혹은 양쪽 모두가 완전히 멸망해버리지 않는 한 영원히 계속될 싸움이라는 점을 생각하라.

일본의 권력자 계급이여!

너희들은 언제나 그 강병을 자랑 삼아 온갖 난폭한 짓을 다하고 있다. 그러나 생각해보기 바란다. 그것도 그리 길지 않으리라는 사실을.

그것은 너희들이 일본 민중에 대해서 너희들의 종교적 본질인 신성한 고마움을 강요할 수 있을 때까지일 뿐이다. 그것은 온전히 미신 위에 세워진 우상이다.

여자라면 사족을 못 쓰는 놈들을 속이며 웃는 음매굴의 얼굴마담처럼 무자각한 민중을 속이고 착취하는 너희들 권력자 계급은 도금의 칠이 벗겨진 금간판이자, 평생 높다란 성벽 안에 갇힌 포로다. 실사회에서 격리되었다는 점에서 그 정체가 분명하지 않은 천황이다. 몇 시 몇 분에 문 밖으로 나선다고 하고, 또 지날 때면 언제나 민중을 절대로 접근하지 못하게 한다는 점을 들어 말하자면, 그 자유를 완전히 속박당한 가장 가엾은 희생자인 천황이다.

천황의 본질에 대해서 일본의 민중들이 그런 사실을 깨닫고, 또 그것을 숭배하는 것은 더할 나위 없이 커다란 치욕이라 여기기에 이르기까지의 간판인 것이다. 일본의 민중들이 너희들 간판의 정체를 똑똑히 보게 되면 그때 너희들의 생명도 끝나는 것이다. 그때가 되면 너희들은 더 이상 그 강병을 이야기할 수 없을 것이다.

그때가 되면 일본 민중은 더 이상 너희들의 가장 충량한 인민이 아닐 것이다. 너희들의 생명을 빼앗는 가장 무시무시한 적일 것이다. 너희와는 불구대천의 적이 되어 있을 것이다. 그리고 우리들 조선인의 동지가 되어 있을 것이다.

게다가 일본 민중은 지금, 빠른 속도로 그 시기에 다가가고 있다.

보라.

일본에서 사회운동, 노동운동이 더욱 활발해져가고 있다는 사실이 바로 그 증거이다. 경찰의 숫자가 우체통보다 더 많고, 순사의 숫자가 전봇대보다 더 많아져도 이른바 범죄사건이 더욱 증가하고 있다는 것이 바로 그 증거이다.

노동이 자유로워질 때 너희들의 국가는 멸망할 것이다. 인민의 각 개인이 국가를 생활하지 않고 자신을 생활할 때 너희들의 국가는 멸망할 것이다.

또한 이른바 범죄가 마침내 국가의 주권에 승리할 때 권력 계급의 국가는 멸망할 것이다.

이것이 곧 여기저기서 활발하게 진행되고 있는 노동운동, 사회운동이다. 즉, 스스로를 표현하는 것에 의의가 있다는 사실을 깨닫고, 또 언제나 국가의 옹호자라 일컬어졌던 민중이 국가 자신이라는 사실을 발견할 때, 국가의 권력자 계급이 멸망하는 것이다.

아아, 일본의 권력자 계급이여. 참으로 비참하구나. 방약무인한 너희들의 최후는 불령선인의 최후보다 더 비참할 것이다. 나는 그것을 기원한다.」

VI. 박열 군의 사상 생장

1. 고등보통학교 입학

1924년 2월 2일의 네 번째 예심조서에 따라서 박열 군의 사상 성장을 적록(摘錄)하겠다.

「사상의 문제에 대해서 이야기해보겠다. 내가 사상적으로 영향을 받은 것은 고등보통학교 시절부터다. 당시 나는 일본 민족 및 일본 정부에 대해서 점점 반역적인 마음을 품게 되었다. 그러나 한편으로는 무슨 일이 있어도 학문을 하고 싶었다. 학문을 하려면 일본 정부의 학교에 들어갈 수밖에 없었다. 나는 우리 집안을 훌륭하게 말할 생각은 없으나, 원래는 상당히 유복하고 가문도 지방으로부터 존경을 받았다고 하는데, 일본에게 조선을 강탈당한 이후 우리는 가난해져서 내 학비를 대는 일조차 불가능한 상태가 되었다. 나는 다른 친구들이 상급 학교로 올라가는 것을 부럽게 생각하며, 한편으로는 그들의 자본적인 생활상이나 일본 정부에 아첨하는 듯한 태도를 미워했지만, 어쨌든 학문을 하는 것은 중요하다고 생각했기에 일본 정부에 대한 나의 반역적 기분을 억누르고 도(道) 장관의 추천을 받아 관비로 공부할 수 있는 고등보통학교 사범과에 입학했다.

고등보통학교란 일본의 중등학교에 상당하는 조선인 학교라고 알려져 있었다. 나는 그 학교에서 관비 공부를 하기로 마음먹었으나, 만일 입학시험에서 낙제하게 된다면 아버지도 부끄럽게 여기실 것이며, 나 자신에게도 커다란 수치가 될 것이기 때문에 누구에게도 말하지 않고 조용히 대구로 가서 도 장관이 추천하는 입학시험을 보았다. 다행히 급제했다고 하기에 아버지께도 향학의 뜻과 그 사정을 털어놓았으며, 관비 공부의 사정을 이야기해서 부족한 부분은 아버지께서 대주시겠다는 약속을 받은 뒤 경성의 고등보통학교 사범과에 입학했다.

입학한 뒤 1학기 정도는 그저 재미와 즐거움으로 가득차서 공부했지만 한 학기를 지나고 보니, 이 학교의 교육 정도는 일본인을 수용하는 중학교보다 훨씬 학과의 정도가 낮아서 우리들 학생에 대해 영어를 가르치지 않는다는 점에서 일본의 중학교와 비교가 되지 않는다는 사실을 알게 되었다. 그래서 영어 강의록을 구해다 읽으려 했더니 그것도 안 된다며 제지당했다. 나는 어떤 방면이든 크게 발전하기만 하면 된다고 생각했기에 상업 방면의 공부를 하려고 했지만, 그것도 역시 안 된다며 금지당하고 말았다. 대체로 일본 정부는 우리들 조선 청년이 세계적으로 시야를 넓히는 것을 싫어하는 것이다. 그보다는 눈가리개를 하는 것과 같은 일만 한다는 사실을 알게 되었다. 모든 학과는 일본어로 가르치는데 어쩌다 조선어를 사용하면 야단을 맞는 상태로, 지금 와서 생각해보니 우리들 조선인을 일본의 노예로 삼기 위해 준비한 학교라는 사실을 깨닫게 되었다. 바로 그 무렵, 박물과 역사를 가르치던 선생이 일본과 조선은 같은 나라이며, 일본인과 조선인은 같은 인종이라고 말하고, 또 자꾸만 충군애국론을 강조하며 천황의 고마움을 설명했지만 우리들은 일본 천황의 고마움을 조금도 느낄 수 없었다. 오히려 광인(狂人)이 옛날얘기라도 하고 있는 듯하여, 도저히 들어줄 수가 없었다. 이에 우리 친구들 사이에서는 국가(國家)라는 것을 '곡가(穀價)'라고 했으며[14], 선생들이 국가, 국가라고 말하면 우리 학생들은 '곡가, 곡가'라고 하며 웃곤 했다. 또한 선생들이 '우리나라를'이라고 말하며 설명하면 우리 학생들은 '나 먹으니'[15]라고 읽어서 역습적으로 불평·불만을 표출했으니, 우리들 조선 청년에 대한 일본의 교육이라는 것이 과연 어떤 결과를 낳았는지는 이것만 봐도 알 수 있을 테지만, 학교는 조선인이 경쟁심·적개심을 품지 못하도록 하기 위해서 모든 운동에 대해서 학교 대항전 같은 경기를 금지했는데, 이에 우리 조선의 청년

---

14) '국가'와 '곡가'의 일본 발음은 서로 같다.
15) '우리나라를'은 わが國を(와가쿠니오)이고, '나 먹으니'는 われ食うに(와레쿠우니)이다.

들은 정신적으로도 육체적으로도 참을 수 없는 불평·불만을 마음속에서 불태웠다. 조선 정부[16]는 상류사회 사람들에 한해서 그 자제가 일본인 학교에 입학하는 것은 허락했지만, 우리들 가난한 조선인에게는 물론 일본인 학교에 입학하는 것을 허락하지 않았기에 일본인 학교에 입학하는 것을 허락받은 조선 청년과 일본인 학교에 입학하는 것을 허락받지 못한 우리 조선 청년들 사이에도 간혹 문제가 발생하는 경우가 있었으나, 일본인 학교에 입학을 허락받은 조선 청년들도, 조선인에게는 군사교련을 시키지 않는다는, 즉 군대교련을 하지 않는다는 사실 때문에 같은 일본인 학교에 들어가도 일본인과 조선인 사이에는 그런 뚜렷한 구별이 있어서 일본인 학생은 조선인을 해치는 것을 훈련받고, 조선인 학생은 말없이 당하라는 듯 교육받았기 때문에 점점 일본인 학교에 입학한 조선 청년들도 우리들 일본인 학교에 들어가지 못한 조선 청년들과 마찬가지로 일본을 저주하는 마음을 품게 되었다는 사실이 나의 학교 시절의 사상에 가장 커다란 영향을 준 일 중 하나라고 할 수 있을 것이다.

대체로 교사들의 대부분은 전에 소학교의 훈도(訓導)[17]

---

16) 일본 정부의 잘못인 듯. 혹은 조선총독부를 말하는 것일까?
17) 소학교의 정규교사.

정도를 하던 사람들이 오는 모양이었는데 거의가 저능아들 뿐이어서 문제 삼을 필요도 없는 사람들이었으나, 그 가운 데 한 사람, 일본인 고등사범학교를 졸업했다고 하는 심리 의 젊의 교사가 있어서, 가끔 기발한 이야기를 들려주었다. 그 사내는 고토쿠 슈스이의 대역사건에 대한 이야기 등도 들려주었는데 나는 그때 아주 재미있다고 생각했다. 고토 쿠 슈스이의 대역사건은 대단한 곳을 노린 것이라고 생각 했다. 또한 그 선생은, 자신은 일본인이지만 사실은 일본인 이 아니다. 일본인이라는 적(籍)을 초월한 세계인이라고 말 하고 독일이 프랑스에게 정복당했다가 나중에 독립하게 된 이야기를 들려주었기에 우리 조선 청년들은 우리들도 반드 시 조선을 독립시켜야 한다는 마음을 품게 된 것도 나의 학 교 시절에 받은 사상 영향 가운데 중요한 것으로 지적해두 고 싶다. 그 사람은 처음 고등관으로 조선에 부임했으나 너 무 기발한 말들만 한다는 이유로 판임관(判任官)[18]이 되었 고, 역사를 담당하다 창가(唱歌)를 담당하는 선생이 되었다 는 이야기도 있었는데, 우리 조선 청년들에 대해서 "일본에 유학한 학생들은 하나같이 못쓰게 되었다. 일본인과 교제 하는 방법이, 조선인의 독립사상을 강하게 내세우면 일본 인으로부터 좋은 취급을 받지 못하기 때문에 일본인의 조

---

18) 장관이 마음대로 임면하던 하위 관직.

선병합에 영합하게 되기 때문이다."라는 말을 들려주었다.

그 외에 나의 학교 시절에 사상적으로 영향을 준 것으로 말해두고 싶은 것은 기독교 교회나 강연회, 그 외의 집회에 출석하는 것을 금지당하고 있었는데, 금지당하면 금지당할수록 더 참석해보고 싶다는 호기심이 일어나는 것이 인지상정으로 우리들은 금지된 기독교의 강연회나 조선문제 연구를 위한 연설회에 몰래 참석하곤 했다. 참석해보니 조선인 연설자나 미국인 목사 등이 조선어로 반어와 은어를 사용해서 청중에게 인종의 평등, 국제관계의 독립, 자유, 국가권력은 독립하지 않으면 안 된다, 독립해야 한다는 사실을 우리들 조선 청년의 가슴을 때리듯 들려주었기에 우리들은 매우 유쾌하게 듣고, 학교에 가서는 듣고 온 연설에 자신들의 의견을 더해 참석하지 않은 학생들에게 이야기를 해주곤 했다. 나는 마치 다수 학생들의 대리로 기독교 연설회나 그 외의 연설회에 참석해서 듣고 온 강연이나 연설을 보고하는 것처럼 행동했기에 학생들로부터는 좋은 소리를 듣기도 하고 진중히 여겨지기도 했으나, 선생들로부터는 점점 눈총을 받게 되었고 학교 당국으로부터는 이단아 취급을 받게 된 것은 참으로 어쩔 수 없는 나의 입장이었다.

어느 해, 일본의 고관이 경성으로 왔을 때 조선총독과 함께 학교를 참관하겠다고 해서 우리들이 교정에 늘어서 그들을 맞은 적이 있었다. 그럴 때면 학교 교사들은 반드시 우리들이 담배를 가지고 있지 않나 검사하겠다는 구실로 우리가 어떤 위험한 물건이라도 가지고 있지 않은지 검사를 하곤 했다. 검사를 받으면 우리 조선인들의 마음은 묘한 자극을 받아서, 위험한 것을 가지고 해치우고 싶다는 기분이 들었다는 사실도 우리가 이 대역사건을 결행하게 된 사상적 영향 가운데 하나라고 여겨지지 않는 것도 아니다.

또한 이와 같은 송영(送迎)이 있을 때면 일본인 학생을 앞쪽에 세우고 우리들 조선인은 뒤쪽에 밀어놓는 방법을 썼는데 내가 이 학교에 있을 때 시베리아 출병이 시작되어 정차장까지 끌려가 일본 군대를 송영한 적이 있었다. 그때 학교에서는 일본만세라고 했지만 우리들은 모두 일본 망세(亡歲)라고 외쳤다.

오늘은 약간 피곤하니 여기까지만 하고 나머지는 내 몸이 괜찮을 때 이야기했으면 하는데, 재판소까지 오는 것은 귀찮으니 네가 형무소로 와주었으면 한다.」

이것이 1924년 2월 2일의 조서다.

2월 3일에는 박열 군의 희망대로 예심판사가 이치가야 형무소로 출장해서 앞날에 이어 박열 군의 학생시절, 학교에서 받았던 사상적 영향에 대한 공술을 들었다.

「오늘은 내가 고등보통학교에 있었을 때 받았던 사회적 자극에 대해서 이야기하기로 하겠다.

전에도 말한 것처럼 나는 심리학 교사로부터 사상적인 이야기를 듣고 고토쿠 슈스이의 대역사건을 매우 재미있다, 정말 대단한 곳을 노렸다고 생각했는데, 그 선생이 뒤이어서 기노시타 나오에(木下尙江), 나쓰메 소세키(夏目漱石), 오가와 미메이(小川未明), 다케코시 산사(竹越三叉), 구로이와 루이코(黑岩淚香) 등의 책을 가끔 가지고 와서 그 가운데 재미있는 곳을 뽑아 읽어주며 기발한 일들을 들려주었기에 사상적으로 시사받은 점이 많았다. 그런데 사립학교의 조선인 학생들은 우리 관립학교의 학생들을 보고 '다 된 왜놈들'이라며 욕을 하곤 했다. 그 의미는 '영인(倭人)[19]화된 놈들'이라는 것이다. 즉, 관비로 공부하는 우리들을 비웃는 말이었다. 우리도 일본 정부가 세운 학교에서 학비를 받으며 공부하는 것은 학문을 위해서라고 말은 하면서도, 내심으로는 크게 부끄러워했다. 일본 정부는 조선에 대학이나 전문학교의 설립을 허락하지 않았는데, 그것도 조선인에게 전문적 지식을 주면 세계적으로 시야를 넓혀 세계인과 교제하게 되고, 일본인과 어깨를 나란히 하게

---

19) 왜인의 잘못인 듯.

되어서는 일본인이 허세를 부릴 수 없다고 생각했기에 우리들 조선 청년의 학문과 생장에 틀을 만든 것이라고 생각한다. 그 틀 속에서 우리 조선인들이 일본 정부의 교육을 받아 일본 정부의 공무원이 된다는 것은 분명히 일본 정부의 개가 되는 것이다. 그렇다고 해서 일본 정부가 세운 학교에서 관비로 공부했으면서, 일본 정부의 공무원이 되지 않으면 일본 정부로부터 커다란 미움을 받았다.

또한 일본 정부는 조선인의 집합을 애초부터 금지해서 열지 못하도록 했고, 신문·잡지, 그 외의 출판물 발행도 허락하지 않았으며, 외국으로 여행하는 여행권 교부도 거부하는 상황으로, 자꾸만 되풀이해서 말하는 듯하지만 일본 정부가 조선인이 세계적으로 되는 것을 싫어하는 증거를 나는 헤아릴 수 없이 보았다. 그런 사회적 자극이 나의 사상에 어떤 영향을 주었는지는 새삼스럽게 말할 필요도 없으리라 생각한다. 굳이 사회적인 문제를 들어 말하자면, 조선인과 일본인이 함께 기차에 탄 경우, 조선인은 나약한 병자라도 지친 노인이라도 일본인에게 자리를 양보하지 않으면 안 된다. 일본인이 자리를 양보받을 권리가 있는 사람처럼 오만하게 조선인을 노려보고, 망설이는 사람을 때리는 일도 종종 보았다.

목욕탕이나 음매굴 등에조차 조선인이 출입하는 것을 거

부했으며, 조선인 노동자에게는 일본인 노동자보다 힘든 일을 시키고 싼 임금으로 부려먹는 상태로, 일본인 노동자는 놀면서 높은 급료를 받고 또 쌀까지 받는 등 우대받았으나, 조선인 노동자에게는 먹고살기에도 부족한 싼 급료로 가혹한 노동을 시켜 굶어죽게도 하고, 다치게도 하는 등의 일을 나는 종종 보기도 하고 또 듣기도 했다.

그보다 더 심한 것은 조선인과 일본인 사이에 소송이 일어났을 경우의 재판 방법인데, 일본인은 조선인에게 꾼 돈을 갚지 않아도 된다, 조선인은 일본인에게 돈을 꾸지 않았어도 재판을 받게 되면 돈을 주지 않으면 안 된다는 판결을 내리곤 했다. 그 가혹함은 데라우치 비리켄(寺内ビリケン)[20] 총독 시절에 한층 더 심해졌다고 하지만, 그 후의 총독들도 매번 바뀔 때마다 가혹하고 잔혹한 일, 우리 조선인들을 모욕하는 일만 해왔다. 비리켄 총독 시절에 아편 정책, 매독 정책이라는 것을 실행했는데 이는 참으로 증오해야 할 침략 일본의 모질고 인정 없는 처사였다고 생각한다. 일본 정부는 표면상으로는 아편 판매를 금지했지만, 암암리에 그 판매를 공인하고 있었다. 조선에 아편이 들어온다, 조선인이 아편을 한다며 처벌받은 자는 아주 많았으나, 그

---

20) 데라우치 마사타케(正毅)의 별명. 일본의 군인, 정치가로 제3대 한국통감, 초대 조선총독을 지냈다.

아편이 어디서 들어왔는가 하면 대부분 일본인 의사의 손에 의해 조선인에게 팔려나갔다. 호시(星) 제약의 제품이라는 사실을 모르는 사람이 없었다.

어떤 조선인이 그 아편을 하는가 하면, 너무나도 혹독한 총독 정치의 가혹함에 희망을 빼앗긴 조선인이 근심을 달래기 위한 수단으로 하는 것인데, 그 아편조차 하지 못하는 중류 이하의 사람들은 모르핀을 사다가 기분전환을 하도록 만들어 조선 민족을 점점 나약하고 무기력한, 기백도 없고 의지도 가지고 있지 않은 노예에서 멸망으로 흘러가게 만든 것이 아편 정책이다.

매독 정책이란, 인간이 아름다운 희망을 빼앗기면 일시적으로 타락적인 성욕에서 쾌락을 찾게 되는 것은 필연이라고 할 수 있는데, 이에 화류병을 유행시켜 그것으로 2세 3세의 조선인을 멸망의 늪으로 빠뜨린 것이라고 생각한다.

이와 같은 사회적 사례를 일일이 들자면 헤아릴 수도 없이 많을 것이다.

내가 일본 민족을 증오하고 일본 정부에 대항하는 듯한 반역사상을 기른 사상적 영향을, 일본 민족과 일본 정부는 스스로 뿌린 씨앗이라 여기고 받아들일 수밖에 없지 않겠는가?

그리고 이어서 내가 일본 정부와 일본 민족에 대해 대역죄 결행의 각오를 결심하게 된 경제 방면의 사상적 영향을 들어보기로 하겠다.

일본 정부가 조선인의 멸망을 꾀한 경제적 계획의 가장 커다란 발로는 동양척식주식회사의 설립이다. 일본인이나 일본 정부가 정치적으로도 경제적으로도 사회적으로도 조선인이 가지고 있던 특권을 전부 빼앗아 조선 민족의 멸망을 꾀했다는 사실은 지금까지 이야기해온 대로이나, 경제적으로 착취당하는 조선이야말로 참으로 가엾어서 우리 학생들조차 지켜볼 수 없을 정도로 가혹한 것이었는데, 경제적인 착취는 조선인이 가지고 있던 토지를 자기들 마음대로 일본인의 이름으로 바꾼 뒤, 그 일본인이 동양척식주식회사에 매도해버렸다. 예로부터 토지의 소유자였던 조선인은 자신도 모르는 사이에 자신의 토지를 빼앗겨버리고 만 것이다. 그 이유를 자세히 말해보자면, 동양척식에서는 아주 악질적인 일본인 토지 브로커를 몇 명이고 데리고 와서 조선인의 토지소유 명의를 멋대로 그 브로커들의 이름으로 바꿔버린 것이다. 멋대로라고 말한 것은 그 브로커들이 조선인의 도장을 위조하기도 하고, 이름을 속이기도 해서 자신의 소유로 토지의 명의로 바꿨다는 사실을 의미하는 것이다. 그리고 동양척식에서는 그 명의자로부터 정당하게 샀다고 주장하고 있으나, 그런 브로커들에게 토지를 판 기억이 없는 조선인이 명의자를 조사하려고 하면 그런 사람은 어디에도 없다, 벌써 일본으로 돌아갔다며 문서위조나 토지사기로 형사고소해도 검사국에서는 받아주지 않았다. 민사재판을 일으키려 해도 상대가 없어서 다룰 수 없다며 어영부영 넘어가고, 동양척식은 틀림없이 등기한 명의인으로부터 토지를 사들였으니 회사에는 아무런 문제도 없다며 조선인의 토지를 약탈한 실례가 얼마나 많은지 모른다.

이상이 다이쇼 7년(1918), 아니 나는 일본의 연호를 쓰는 것이 불쾌해서 서양 연호를 쓰고 싶지만, 서양 연호는 잘 모른다고 하기에 나도 모르게 일본의 연호를 말한 것이지만, 그럼 내 나이로 말해두겠다. 내가 열여덟에서 열아홉 살 때까지 바로 지금 이야기한 일들이 있었다.

그런데 이는 일본 연호만의 일이 아니라, 우리들 쪽에서는 유명한 3·1사건이라고 부르는, 독립소요사건을 일으켰을 때의 일을 말해두겠는데, 그것은 1919년 3월 1일의 일이었다. 제1차 세계전쟁이 끝나고 베르사유에서 회의를 열었을 때, 조선은 전국적으로 동요했다. 이 회의를 기회로 내외의 조선인이 일제히 일어나 세계에 대해 조선 민족의 독립을 선언한 것이다. 이 운동에 관계한 것은 수십만의 조선인으로 그들이 경성 시내를 '독립만세'라고 외치며 대열을 지어 천천히 걸었는데 참으로 유쾌했다. 그 후, 조선의 이

태왕(李泰王)[21]이 일본과의 호의적 병합에 동의한다는 각서에 조인하기를 거부했기에 일본 정부로부터 독살당했다는 비밀이 폭로되었는데, 나는 그러한 일들을 듣고 일본 정부가 세운 학교에서 관비로 공부하고 있다는 사실이 부끄러워져서 견디지 못하고 마침내 학교를 뛰쳐나오고 말았다. 그리고 일본에 대한 시위운동을 일으킬 계획을 그 무렵 나는 종종 동지들과 함께 준비했고, 또 동지 네다섯 명과 함께 독립신문을 발행했고, 격문을 산포(散布)하는 등, 실제 운동에 관계하게 된 것은 그때부터였다. 그런데 3월 1일의 소요 때 끌려갔던 친구로부터 경찰에서 혐의자를 거꾸로 매달아 코에 증기를 쐬기도 하고, 혀를 자르기도 하고, 전기를 통하게도 하고, 여자의 음모를 뽑기도 하고, 자궁에 증기를 쐬기도 하고, 또는 음경에 종이끈을 넣기도 하고, 실로 붓이나 말로 다할 수 없는 고문을 행한다는 소리를 듣고 나는 일본 정부가 하는 짓이 참으로 증오스럽다고 생각했다. 결코 일격의 복수를 가하지 않고는 그냥 두지 않겠다고 결심했다. 하지만 그렇게까지 단속이 엄중한, 그리고 잔학한 고문을 하는 조선에서는 운동을 해봐야 도저히 끝장을 보지는 못할 것이었다. 오히려 그들이 자신의 공을 자랑

21) 일제가 고종(高宗)을 이르던 말로 李太王의 잘못인 듯. 아니면 당시에는 병용했었을까?

스럽게 여기는 포박을 재촉할 뿐이라고 생각했다. 일단 잡히면 그것으로 두 번 다시는 밖으로 나와서 운동을 계속할 수는 없을 것이라고 생각했기에 나는 조선을 떠나기로 했다. 그 무렵 나는 인간에 대해서 인종과 인종은 원래부터 평등하다, 인간과 인간 사이는 절대 자유 · 평등이어야만 한다고 생각했으니, 나는 그 무렵 이른바 광의의 사회주의적 사상을 품고 있었다고 해도 좋을 것이다. 반일본 민족주의와 반일본 사회주의 사상을 품고 1919년 10월에 일본으로 온 것이, 내가 일본에 오기까지의 사상생활이라고 해도 좋을 것이다. 그 후부터의 사상생장은 일본에 온 뒤 실천한 대일 증오에 불타오르는 조선 독립운동이다.」

2. 일본 도래 후의 활약

박열 군은 일본에 온 뒤, 어떤 생활을 했고 어떤 운동을 실천했으며, 마지막으로 대역사건 결행을 꾀하기에 이른 것일까? 매우 흥미로운 문제로 경찰과 검사국에서도 꽤나 끈덕지게 심문한 듯했으나 박열 군은 일절 대답하지 않았다. 예심판사도 교묘하게 심문하여 떠보려 했으나 박열 군은 겨우 우편배달부가 되어 매일 궁성 안을 출입하며 천황의 동정이나 밖으로 나설 때의 경로 등을 연구하고 그 사이에 가끔 혁명가를 불러 울분을 달랬다고 대답했을 뿐이며

판사가 다시,

　문 : 어떻게 해서 조선인인 피고가 궁성 안을 출입하는 우편배달부가 될 수 있었는가?

　답 : 그런 건 일도 아니야. 묻는 게 더 이상해.

　문 : 어째서?

　답 : 일본인 동지와 결탁해서 지원서를 내고 무사히 우편배달부 시험에 합격한 뒤, 그 이름의 면허증으로 조선인인 내가 배달부 사무를 대행하는 일은 식은 죽 먹기야. 떠들썩하게 경계를 하고 있지만 허점투성이인 황궁의 경찰 따위 문제 삼을 것도 없어.

라고 간단히 맞받아친 한 구절이 기록되어 있을 뿐이다.

　그러나 그 외에 경찰에서 조사한, 박열 군이 일본에 온 뒤의 대일 증오 조선 독립운동 보고서는 의권단(義拳團), 철권단(鐵拳團), 혈권단(血拳團)에 관한 건으로, 박열 군의 면모를 유감없이 보여주는 실천을 다음과 같이 묘사했다.

　1) 혈권단에 관한 건

보고서

　선인 박열을 중심으로 한 혈권단은 1921년 11월경에 결성된 것이다. 그 목적은 조선인의 사상퇴폐, 공공연히 친일을 표방하는 배맹(背盟)운동에 나서는 자, 혹은 조선 민족의 체면을 더럽히는 자다. 그에 따라서 재일 선인 가운데 부패분자를 응징한다는 명목으로 제1기를 의권단, 제2기를 철권단, 제3기를 혈권단이라 하고, 박열 등 일당이 재일 선인을 폭행·협박하고 있는 건이다. 1923년 2월 중, 박열 등 불령선인 학생은 박살단(撲殺團), 혹은 혈권단이라는 단명으로 다음과 같은 협박장을 일부 선인 학생, 그 외의 다른 친일 조선인에게 우송한 사실도 있으나, 발신자 측은 물론 이를 비밀에 부쳤으며 수신자 측도 후환이 두려워 입 밖에 내지 않아 선량한 학생들 가운데 공포에 사로잡히고 커다란 불안을 품은 자가 많았다.

그 정황을 내사해보니 선인 학생 가운데 내지인으로부터 학비를 보조받거나, 또는 내지인과 친교를 쌓아 그 가정에 출입하거나, 혹은 내지 여성과 부부관계를 맺어 고향에 있는 처자를 돌아보지 않는 자 등은 삼천만 조선 민족을 무시한 배덕한(背德漢)이자, 견실한 학생의 풍기와 신용을 해친 자라 칭하고, 그들 친일 학생에게 철권제재를 가하는 등 적당한 응징을 가할 필요가 있다고 외치며 늘 그에 해당하는 인물을 물색하고 있었다.

1923년 1월 31일 조선인 학생단체 학우회에서 임원을 새로 선출할 때, 메이지(明治) 대학 선인 학생이 결속하여 회장 이하 중요 임원의 대부분을 독점하자, 와세다(早稻田) 대학 선인 학생은 이후부터 이를 기분 좋게 여기지 않았고 학우회장, 평의원 등에 대해서 폭행을 가할 계획 중이라는 설이 심심찮게 전해졌는데 대부분의 선인들은 이러한 문제를 외부에 폭로하는 것은 통일되지 않은 민족심(民族心)을 내보이는 것이라며 입을 다물고 있었으나, 이들 불량 혈권 단원을 조종한 것이 박열이고, 그 동료로는 장상중, 정태성, 김일(金一), 최규종 등의 이름을 들 수 있으며, 마지막에 협박장 사본이 첨부되어 있다.

'오라, 오쿠보(大久保) 연병장 서쪽 입구로 오전 8시까지 오지 않으면 자택으로 쳐들어가겠다. 너의 죄는 네가 알고 있을 것이다. 굳이 그 사실을 되풀이할 필요는 없다. 우리 민족에 대해서 용서할 수 없는 죄이다. 우리의 체면을 침해한 너를 우리들은 간과할 수 없다. 사실의 증거는 우리들 손에 있으니 우리들의 빛을 더럽힌 너의 추악함을 꾸짖지 않을 수 없다. 이에 이 장(狀)을 발한다. 너에게 다음의 행위를 명한다.

명령

1. 이 장을 접수한 이후, 3일 이내에 이 땅에서 떠날 것.

2. 만일 이 기한 내에 이 땅을 떠나지 않을 시에는 결단코 너를 박살하겠다.

너의 간악한 의사가 관헌에 의뢰하여 신변을 경계하는 데 있다면, 관헌과 함께 너를 응징하겠다. 우리 단은 마지막 결의까지 엄수할 것이다.

혈권단'

이상과 같은 실천운동의 집약이, 마침내 박열 군이 일본 권력계급에게 준 격문이 되어 나타난 것임은 격문 자체가 그것을 증명하고 있다.

3. 폭탄 입수를 위한 고심

이상 박열 군이 스스로 붓을 쥐어 일본의 권력계급에게 준 폭탄적 항의와 의열단의 혁명선언에 의해서 명백해진 것처럼 철두철미 일본 천황을 타도할 결의를 굳힌 박열 군은 어떻게 해서 그 목적을 달성하려 했을까? 이 점에 관해서는 박열 군이 폭탄 입수를 위한 고심에 대해서 공술한 내용이 생생하게 그 반역심을 그려내고 있다.

문 : 피고는 천황, 혹은 황태자에게 위해를 가할 목적으로 폭탄의 입수를 꾀했다고 했는데 그 경로를 듣고 싶다.

답 : 그런 걸 내가 말할 필요는 없다고 본다.

문 : 하지만 황태자의 경사가 거행되는 9월경에 폭탄을 던져서 천황, 혹은 황태자에게 위해를 가하려 했다는 사실을 언명했으니 그 폭탄을 어떻게 손에 넣으려 했는지 말해도 상관없을 듯한데.

답 : 그 경로를 이야기하면 너희들에게 유리할 테고 내게는 별로 이야기할 필요도 없을 테지만, 폭탄 입수 관계로 의열단의 제군과 연락한 여러 사람들을 닥치는 대로 조사하면 의열단에게도 피해가 가리라 생각하니 일단 내가 폭탄을 손에 넣으려 했던 관계를 만담적으로 말해두기로 하겠다.

모리타 선원을 통해 프랑스의 마르세유에서

우선 처음에는 모리타라는 프랑스 항로의 여객선에 승선한 선원과 연락을 취해 마르세유에서 폭탄을 손에 넣으려한 적이 있었다.

문 : 모리타라는 건 잘못 안 것이고 스기모토(杉本) 아닌가?

답 : 본명이 뭔지는 모르겠으나 나는 모리타라고 들었다. 너희들은 그런 것까지 조사했으니 굳이 묻지 않아도 전부

알고 있을 듯한데.

문 : 대역사건은 모든 사건 중에서도 가장 중대한 사건으로, 조금이라도 사건과 관계가 있는 것은 모두 조사하도록 되어 있기 때문에 피고가 일본에 온 뒤 교제한 사람들 가운데 조금이라도 관계가 있을 것 같은 사람은 모두 조사하고 있다. 그 가운데 시바타 다케후쿠라는 사람이 하나 있는데 알고 있는가?

답 : 알고 있다.

문 : 시바타 다케후쿠는 어떤 사람인가?

답 : 너희들이 조사를 했다면 내가 답하지 않아도 알고 있으리라 생각되지만, 시바타 다케후쿠는 사회주의자다.

문 : 어떤 사회주의자인가?

답 : 자세히는 모르겠지만 모리타에게서 들은 바에 의하면, 모리타의 아버지는 후쿠타로(福太郎)라는 사람으로 도쿠야마초(德山町)에 별장을 가지고 있어서 1921년 무렵 별장으로 피서를 갔을 때, 모리타가 시바타와 만나 알게 된 사람이라고 하는데, 제국대학 법과 출신으로 영어·불어·독일어 등 6개 국어를 자유자재로 구사하고 에스페란토 노동자협회 회장으로 사회주의운동을 하고 있다고 했다.

문 : 시바타 다케후쿠는 지금 어디에 있는가?

답 : 그건 잘 모르겠지만, 들리는 말에 의하면 프랑스로

가서 지금은 일본에 없다고 한다.

문 : 모리타라는 자는 본명을 스기모토 사다카즈라고 하는데, 이 사진이 피고가 말하는 모리타 아닌가?

답 : 이 사진이 모리타의 사진이다. 내가 말한 모리타의 사진이다. 본인이 모리타가 아니라 스기모토라고 했다면, 내가 말하는 모리타의 본명은 역시 스기모토 사다카즈겠지. 사다카즈라고 해도 내게는 아무런 지장도 없다.

문 : 그렇다면 피고가 말하는 모리타, 본명 스기모토 사다카즈는 어떤 사람인가?

답 : 나는 시바타의 집에서 모리타를 만났는데, 모리타의 말에 의하면 다쓰우마(辰馬) 기선주식회사에 고용되어 긴류마루(金龍丸)라는 배를 타고 북미 항로에 올랐을 때 프랑스 부근에도 기항해서, 프랑스의 스트라이크 데모에 참가했다가 구류된 적도 있다고 하는 사회주의적 경향을 가진 사람이다.

문 : 피고는 그 모리타에게 폭탄 입수를 의뢰했는가?

답 : 그렇다. 나는 천황을 타도하기 위해서는 폭탄이 반드시 필요하다고 생각하고 있는데, 프랑스 부근에서는 폭탄을 손에 넣을 방법이 있으리라 여겨졌기에 모리타에게 부탁했더니 간단히 폭탄을 살 수 있다고 말했다.

문 : 어떤 폭탄을 살 수 있다고 말했는가?

답 : 외국에 있는 폭탄은 이 정도 크기라며 양손의 손가락을 동그랗게 말았는데, 지름 세 치 정도의 동그란 대추 모양이고 그 위에 종이가 발라져 있어서 사용할 때는 그 종이를 벗기고 던져야 한다고 했다. '간단히 살 수 있다면 꼭 갖고 싶다.'고 했더니 다음에 가면 사다주겠다고 했으나 그 이후로는 만날 기회도 없었고, 또 모리타가 배에 오르기 전에 일본의 동지인 하라사와(原澤)가 연락해서 폭탄입수에 관한 협의를 하기로 되어 있었으나, 그 협의도 할 수 없었기에 그것으로 중단되고 말았다.

이 예심 공술에 의하면 선원 모리타를 통해 프랑스의 마르세유에서 폭탄을 입수하려 했던 교섭은 박열 군의 말대로 중단되었는데, 스기모토의 예심조서에 의하면 박열 군이 말하는 모리타, 즉 본명 스기모토 사다카즈는 공술에서, 참으로 미세한 부분까지 박열 군이 폭탄 입수에 관한 준비를 해두고 곳곳에 의뢰를 했는데, 스기모토 사다카즈는 박열 군이 말한 내용을 그대로 인정하며, 사실은 폭탄을 입수하고 싶다는 박열 군의 의뢰를 거절하면 어떤 끔찍한 일을 당할지 몰랐기에 겉으로는 승낙을 했으나 내심 폭탄을 구해다줄 생각은 아니었다고 그 실행성을 부정하고, 또 박열 군으로부터 연락을 위해 파견된 일본인 동지 하라사와의 방문을 피했으며, 승선 직전의 협의에 관해서 몇 번이나 전보를 받았지만 답장도 하지 않고 도망쳤다고 말했다. 과연 그 증언이 사실일까? 아니면 박열 군의 폭탄 입수에 관한 의뢰를 진심으로 받아들였다고 말하면 당연히 대역사건에 연좌되거나, 적어도 폭발물관리규칙 위반의 공범으로 몰릴 테니 그것을 두려워하여 부정한 것일까? 판단은 독자에게 맡기기로 하겠다.

김중한을 통해 상해에서

그리고 그 다음 조서에 의하면 폭탄 입수에 관한 취조는 김중한 군과 박열 군의 관계에 대한 것이다.

김중한 군은 생기발랄한 청년으로 필자도 기독교 청년회관에서 몇 번인가 연단에 함께 선 적이 있는 참으로 시원시원한 웅변가였다. 박열 군보다 2년 늦게 일본으로 건너왔는데 박열 군의 이름은 불령선인이라는 잡지에 의해서 조선 청년들 사이에 알려져 있었기에 박열 군을 찾아가 불령사에 가입한 것으로 되어 있다.

박열 군은 김중한 군의 청년다운 생기발랄함과 듬직함을 믿었기에 폭탄 입수와 관련해서 상해와의 연락을 부탁하고 그 실행 계획을 착착 진행시켜 나가고 있었는데 그때 뜻밖의 일이 벌어지고 말았다. 그것은 김중한 군의 일본 여성

니이야마 하쓰요에 대한 연애 관계다.

니이야마 하쓰요는 제일고등여학교 출신의 재원으로 사상적인 책도 상당히 읽었는데 가슴의 질환에 시달리다 인생을 비관하여, 어차피 오래 못 살 몸이니 미련 없이 깨끗하게 죽을 곳을 찾고 있던 차에 후미코 씨와 세이소쿠(正則) 영어학교에서 알게 된 관계로 박열 군에게 접근하여 죽음의 꽃을 피우고 싶다고 희망한 것이 마침 김중한이 박열 군으로부터 폭탄 입수 의뢰를 받은 때였다. 그런데 성급한 김중한 군이 니이야마 하쓰요에게 일대의 커다란 센세이션을 불러일으킬 폭탄 투척을 하는 것이 가장 좋겠다고 이야기했기에 박열 군은 당연히 대역사건 계획이 누설될 것을 두려워하여 김중한 군에게 의뢰했던 폭탄 입수를 취소했다. 그 결과 김중한 군이 박열 군의 의지박약을 힐난하는 듯한 형국이 되었으며, 박열 군은 어떠한 힐난에도 견딜 수 있을 만큼 견디며 대역사건의 결의를 결행하려 한 것이, 김중한 군의 박열 군 척살(刺殺)계획으로까지 발전된 일 막의 활극이다. 두 사람과 관계된 예심조서를 지금 다시 읽어보아도 박열 군의 폭탄 입수에 관한 고심의 흔적을 엿볼 수 있다. 그 감정의 갈등을 김중한 군의 예심조서에서 발췌해보겠다.

문 : 피고는 박열로부터 폭탄 입수 방법을 의뢰받은 적이 있는가?

답 : 있었습니다.

문 : 그건 불령사의 목적으로, 피고 들이 함께 그 폭탄을 사용할 계획이었나?

답 : 박열 군으로부터 의뢰받은 폭탄 입수는 불령사의 목적과는 관계없고, 박열 군이 다른 목적이 있어서 부탁한 것이었다고 생각합니다.

문 : 박열 개인의 목적으로 피고에게 폭탄 입수를 부탁했다는 관계를 상세히 들려줬으면 한다.

답 : 저는 도쿄에 온 지 얼마 지나지 않아서 친구의 안내로 박열 군을 찾아갔으나 그날 밤 박열 군은 동아일보사의 주필인 장덕수(張德秀)를 구타한 이유로 시니칸다(西神田) 경찰서에 구속되었고 5일쯤 지나 형무소에서 나왔기에 다시 찾아갔는데 대단한 학자에다 또 혈기왕성한 혁명가임을 확신하고 저는 박열 군을 형이라고 부르며, 머리를 기르는 것에서부터 생활태도까지 모든 것에 대해서 박열 군을 흉내 내게 되었습니다. 당시 박열 군은 도미가야에서 살고 있었고 저는 혼고 유시마의 하숙에 있었는데 어느 날 제 하숙으로 찾아와서 여러 가지 이야기를 나누던 끝에 자신은 여자를 보아도 연심은 느껴지지 않는다, 꽃을 보아도 아름답

다고는 생각지 않는다, 음악을 들어도 감흥이 일어나지 않는다는 말을 철학적으로 했기에 박열 군을 더욱 커다란 인물이라 생각하게 되었습니다. 그리고 계속해서 말하기를, 우주의 존재를 부인하는 것이 대자연에 대한 순응이니 부르주아 계급 사람을 죽이는 것도 그 사람에 대한 자비이고, 자신의 삶을 부정함으로 해서 타인의 생을 부정하는 것이 대자연에 순응하는 것이 되고 다수의 사람을 구하는 결과가 된다면 타인을 죽여도 악은 아니다. 오히려 선이라고 이야기를 한 뒤, 가장 유효하고 적절하게, 가장 많은 사람에게 한 개인의 행위가 가장 커다란 반향을 일으키는 방법은 가장 많은 사람들이 존경하고 있는 자를 혼자만의 힘으로 타도하는 것, 그리고 그 타도가 실현되는 방법은 폭탄이라고 이야기했기에 저도 옳은 말이라고 생각하여 동의했습니다. 저 역시도 일본에 오기 전에 조선에서 여러 가지 운동에 관계한 사실을 과장해서, 청년당 대회의 모습이나 의열단에 대한 이야기를 했습니다.

의열단에 대한 이야기로는, 경기도의 마노(間野) 경찰부장이 의열단의 폭탄을 폭발시켜 시험해보았더니 위력이 매우 좋아서 놀랐다는 사실, 그 폭탄에는 전기장치가 되어 있는 것도 있고 아주 작아서 운반하기에도 편리한데 그것을 사용할 경우의 효력이 아주 크다는 사실을 이야기했더니,

박열 군은 매우 감탄한 듯, 그런 폭탄을 손에 넣을 방법이 없을까, 일본에서는 광산에서 손에 넣어도 그렇게 정교한 것이 아니다, 또, 자신이 폭약을 사서 만들어도 그렇게 좋은 것은 만들 수 없다, 자네가 말한 폭탄은 어디에서 가져온 것인가, 라고 묻기에 러시아에서 가지고 온 것인지, 어디에서 가지고 온 것인지는 잘 모르겠지만 상해에서 가져온 것이라는 말을 들었다고 대답했습니다. 그러자 박열 군이 '자네가 폭탄에 대해서 그만큼의 지식이 있고, 또 폭탄을 입수하는 방법에 대해서 사람들과 연락도 가능하다면, 수고를 한번 해줄 생각은 없는가?'라고 하기에 저는 '제 힘이 닿는 일로 박열 형에게 도움을 줄 수 있다면 무슨 일이든 하겠다.'고 받아들였습니다. 그러자 박열 군은 '정말 고맙네. 꼭 좀 힘을 써줬으면 하네. 그를 위해서는 상당한 돈이 필요할 테지만, 천 엔이나 2천에 정도의 돈은 어떻게 해서든 만들어볼 테니, 가능한 한 빨리 상해로 가서 연락을 해주었으면 하네. 가능하다면 1, 2개월 안에 입수하고 싶네.'라고 말했습니다. 그 이야기가 있었던 것이 5월이나 6월쯤이었으니, 1, 2개월 뒤는 마침 가을 무렵이 되는 셈이라고 생각했습니다.

문 : 그 무렵은 마침 황태자 전하의 결혼식이 예정된 시기에 해당하지 않는가?

답 : 그건 잘 모르겠지만 박열 군과 만나서 여러 가지로 이야기를 나누던 때, 언제였는지, 또 어디서였는지는 분명하게 기억하고 있지 못하지만, 황태자가 결혼할 때에는 천황도 그 외의 황족도, 원로도, 외국의 대사, 공사, 대신들도 모일 테니 한 발의 폭탄으로 여럿을 쓰러뜨릴 수 있다면 아주 경제적이고 효과적일 것이라고 말한 적도 있었습니다. 그러니 그런 시기에 해당할지도 모르겠습니다.

문 : 그 후에 박열 군이 폭탄 입수를 취소했다고 하던데.

답 : 그렇습니다. 취소했습니다.

문 : 그건 어째서지?

답 : 제가 박열 군의 집으로 찾아갔을 때, 박열 군이 특별히 할 얘기가 있으니 2층으로 올라가자고 해서 단 둘이서만 이야기를 나누었습니다. '전에 부탁했던 폭탄은 여러 가지 사정에 의해서 필요 없어졌으니 손에 넣지 않아도 된다.'고만 하고 이유는 말하지 않았습니다.

그래서 제가 '얼마 전에 민중운동이라는 잡지의 편집인이 되겠다고 약속하고 발표까지 한 뒤, 당신으로부터 폭탄 입수에 대한 의뢰를 받아 민중운동의 편집인이 되는 것을 그만두었는데, 이제 와서 폭탄 입수를 취소하면 내 입장이 어떻게 되겠느냐.'고 말했으나 박열 군이 너무 언짢게 생각하지 말고, 어쨌든 폭탄은 필요 없어졌으니 그만두라고 하기에 그때는 그냥 헤어졌습니다만, 생각하면 생각할수록 참으로 안타까워서 견딜 수가 없었습니다. 또 박열 군이 폭탄 입수를 부탁할 때는 그렇게도 열심히 청하고 의욕에 넘치는 말로 저를 끌어들였으면서, 그 후 뭔가 무서운 일이 벌어졌는지 마음대로 폭탄은 필요 없어졌다며 저를 떼어내려 하다니 참으로 지조 없는 변절자라 여겨져, 박열 군을 한참 잘못 본 것이라 생각했습니다. 커다란 인물인 것처럼 생각하고 숭배한 것이 분했습니다. 오히려 저런 사람을 살려두면 수많은 청년을 망친다고 생각했기에 저는 어떻게 해서든 박열 군에게 일격을 가해 울분을 풀고야 말겠다고 각오했습니다.

문 : 그래서 피고는 박열에게 어떤 일격을 가할 생각이었는가? 또 가했는가?

답 : 저는 불령사의 회합 때, 모두의 앞에서 박열 군에게 폭탄 입수 의뢰를 취소한 사정을 따져 물어 납득이 갈 만한 설명도 하지 않고, 또 제가 민중운동의 편집인을 그만둔 사정에 대해서, 제 체면이 설 만한 사정을 명확히 해주지 않으면 일격을 가할 생각이었습니다. 찔러 죽일 생각이었습니다.

문 : 그것을 실행에 옮겼는가?

답 : 실행에 옮겼습니다. 불령사의 회합 때, 저는 '왜 폭탄

입수 의뢰를 취소했는가? 내가 민중운동의 편집인이 되려는 것을 그만두게 하면서까지 부탁했으면서, 이제 와서 폭탄 입수 의뢰를 취소하면 내 입장이 뭐가 되겠는가?'라고 박열 군을 힐난했습니다. 그러자 박열 군은 '미안하지만, 너무 화내지 말게.'라는 말만 거듭, 거듭 되풀이할 뿐 사정에 대해서는 무엇 하나 설명해주지 않았습니다. 그래서 저는 가지고 있던 나이프를 아래쪽으로 쥐어 찌르려 했으나 옆에 있던 니이야마가 너무 성급하게 굴지 말라고 말렸기에 그 나이프로 다다미를 찔러 울분을 토하고 박열 군은 찌르지 못했습니다.

문 : 그때 다른 사람들은 뭐라고 하던가?

답 : 모두가 말렸습니다. 그리고 그 후에 저와 장상중 군 사이에 언쟁이 벌어졌습니다만, 결국 박열 군은 제게 물을 먹인 셈입니다.

이렇게 김중한은 박열 군에게 상당한 원한을 품은 듯한 조서를 예심판사에게 꾸미게 했다. 그런데 박열 군이 어째서 김중한 군에게 의뢰했던 폭탄 입수를 취소했는가 하면, 가네코 씨나 장상중 군이나 그 외의 관계자 모두가 말한 것처럼 김중한 군과 니이야마 하쓰요 사이에 연애관계가 발생했는데 니이야마 하쓰요가 가슴의 질환을 앓고 있어서 죽음의 꽃을 피우고 싶어 한다는 사실에 동정하여, "박열 군이 폭탄 입수를 내게 부탁했으니 너도 그것을 사용할 기회를 얻는 것은 어떻겠는가? 박열 군에게 자문을 구해봐." 라고 말한 듯한 정황을 박열 군이 포착한 결과, 김중한 군에게 폭탄 입수를 맡겨두면 사실이 발각될 위험이 있다고 생각했기에 이를 취소한 것이었다. 그를 위해서는 어떠한 오해를 받더라도, 또 그 일 때문에 척살당하는 것과 같은 복수를 당하더라도 폭탄의 필요가 없어졌다고, 다시 말해서 대역사건의 결행을 중지하기로 했다고, 배짱이 없다는 비난과 공격을 감수하면서까지 취소했다고 말한 고심의 흔적을 엿볼 수 있다는 데, 대역사건의 쉽지 않은 계획이 숨겨져 있다는 사실에 독자는 주의를 기울여주시기 바란다.

4. 음모론의 강조

이상 대역사건의 진상으로 박열 군이 폭탄 입수에 고심한 흔적을 엿볼 수 있는 예심조서의 발췌 외에, 장상중 군의 실화에 의하면 박열 군은 동지를 굳게 지키기 위해서 의열단 관계나 일단 폭탄의 입수를 부탁했다가 취소했던 김중한과의 관계 이외에는 조서에 오르지 않게 했지만, 오늘에 와서 아무런 거리낌 없이 당시의 실정을 고백하자면, 불령사의 목적은 천황타도에 있었으며 그 방법은 폭탄 사용에 있었고 따라서 폭탄 입수에 있어서 각자의 편의에 따라 동지 가운데 어떤 자는 상당한 단계까지 손을 내밀었었다는 사실도 있고, 궁여지책으로 당시 최소한의 폭약 자유판매가 허용되었던 0.02씩 수백 곳의 약국에서 사 모아 폭탄 제조를 박열 군이 계획했을 정도까지 그것을 진척시켰다고도 한다. 그러나 기술적으로 폭탄제조가 쉽지 않기 때문에 끝내 성공하지 못한 것도 사실이었다고 한다. 폭탄 입수 경로와 관련된 대역사건의 진상에 피가 밸 것 같은 박열 군의 고심이 있으며, 또 동지를 지키기 위해 박열 군이 대역사건의 예심에서 그 진상을 얼마나 애써 숨기려 했는가 하는 사건 경과의 진상이야말로 박열 군의 혁명가다운 동지애와 늠름한 기백을 엿볼 수 있는 장면이다.

거기에는 불령사가 비밀결사로 검거되었다는 사정도 있지만, 무엇 때문에 박열 군이 비밀결사를 만들고, 또 은밀하게 폭탄을 입수, 혹은 제조하여 대역사건의 결행을 계획했는가 하는 대역사건의 진상에 관해서 예심판사는 매우 악의적인 심문을 박열 군에게 던졌다. 그것은 "피고의 주장이 그렇게 철학적이고 정정당당해서 천하에 부끄러울 것이 없다면 어째서 그 행동을 비밀로 하는 것인가?"라는 질문이었다. 그에 대해서 박열 군은 음모론을 펼쳐 예심판사에게 대답했다. 다음에 박열 군이 주장한 음모론의 한 구절을 적기(摘記)하기로 하겠다.

「같은 인류에 의한 인류의 정복에 기초하여 지배와 착취를 목적으로 구성되어 있는 것이 현대 사회다. 그 가운데 가장 저주해야 할 현대 사회의 제국주의적 자본주의국가의 조직은 일부 소수 자본가의 방종하고 사치스러운 욕망을 만족시키기 위해 인류의 대다수가 무권력자로서 권력자 앞에 엎드리고, 먹고살기에도 어려운 무산자로서 유산자 앞에 그 전 생애를 바칠 수밖에 없다. 그리고 무권력자와 무산자는 끊임없는 궁핍과 절망의 노동에 괴로워하고 시달리도록 만들어진 것이 현대 사회다.

아아, 저주스러운 이 현대 사회여. 제국주의적 자본주의 조직은, 그것을 하루라도 빨리 멸망시키지 않는 한 무권력자와 무산자가 역경에서 벗어날 길은 없을 것이다. 그들이 지상에서 자유를 회복할 날은 절대로 찾아오지 않을 것이다.

그렇다면 이 저주스러운 권력자와 유산자가 지배와 착취를 목적으로 하는 현대 사회를 완전히 멸망시킬 수 있을까, 멸망시킬 수 있다면 어떻게 해서 멸망시킬 수 있을까, 하는 것을 무권력자·무산자의 목적으로 들 수 있을 것이다. 어떤 자는 그 수단을 의회주의에서 구하려 참정권 획득 운동이네, 정당적 정치운동이네 하는 것을 외치고 다니며, 무권력자들을 설득하기도 하고, 무산자들을 위로하기도 한다. 즉, 무권력자 · 무산자인 노동자와 농민 계급이 참정권을 획득해서 다수의 대표자를 의회에 보내고, 의회 속에서라며 의회 이외의 대중이 호응하여 정정당당하게 현대의 제국주의적 자본주의국가를 쓰러뜨리자는 것이 그 주장이다. 그러나 나는 이렇게 생각한다. 그런 정치운동으로 과연 우리들의 목적을 달성할 수 있을까? 나는 절대로 불가능하리라 생각한다. 현대의 제국주의적 자본주의국가 조직 가운데 무권력자 · 무산자인 노동자 · 농민 계급이 의회에서 다수를 점하려 하는 운동을 지금의 권력자가 그냥 내버려둘 리 없다. 짓밟으려면 얼마든지 짓밟을 수 있는 운동을 자신들이 짓밟힐 때까지 내버려둬 성장시킬 리 없다는 것은 누가 생각해봐도 불을 보듯 뻔한 일이다. 그 한 가지 사실을 이해한다면, 정정당당한 참정권 운동을 통해 의회에서 세력을 얻는 정치운동으로 현대의 권력자와 부르주아를 타도하겠다는 것은 그야말로 고양이의 목에 방울을 달면 쥐들에게 도움이 된다 할지라도 고양이에게 방울을 달러 가는 쥐는 반드시 고양이에게 잡아먹힐 테니 그 목적을 달성할 수 없는 것과 같은 일이라는 사실을 알 수 있을 것이다. 따라서 우리는 다른 방법을 생각해보지 않을 수 없다. 다른 방법이란 무엇일까? 국가라는 것은 어떠한 국가라 할지라도 힘의 국가라는 사실을 생각하지 않으면 안 된다. "국가는 권력단체다."라고 한 예링의 말 그대로이다. 조직적으로 훈련된 다수의 군대와 경찰을 소유하고 있는 것이 국가인 것이다. 이 군대와 경찰을 소유하고 있는 권력단체가 국가임과 동시에 군사력과 경찰력이 국가 자체이지, 국가라는 것은 무력하고 무능한 목각인형이 아니다. 또한 국가권력은 어디까지나 배타적인 권력이다. 국가의 권력이 배타적이라는 말은, 자신에게 복종하지 않는 것은 전부 그 존재를 용납하지 않는다는 말이다. 절대로 자신에게 예속하는 자 이외의 존재를 용납하지 않는다는 말이다. 절대로 자신에게 예속하는 자 이외의 존재를 용납하지 않는 것이 국가권력의 배타적 특색이다. 그렇기 때문에 국가의 권력은 늘 눈을 번뜩이며 그 주위를 둘러보아 자신을 쓰러뜨리려는 자가 있지는 않은지, 자신에게 화살을 쏘려하는 자가 숨어 있지는 않은지 찾아다니고 있는 것이다. 그들은 이렇게 말한다. "천하에 왕의 땅 아닌 곳 없으며, 전 국민 가운데 왕의 신하 아닌 자 없다." 이러한 말 역시 오직 자신에게 복종하는 자 이외의 존재는 용납하지 않겠다는 뜻을 반어적으로 표현한 것이다. 그들은 또 이렇게 말한다. "하늘에 해가 둘 있을 수 없으며, 땅에 임금이 둘 있을 수 없다." 이야말로 국가의 배타성을 그대로 이야기해주는 국가권력의 상태인 것이다. 따라서 무권력자 · 무산자인 노동자 · 농민 계급이 참정권을 얻어 현재의 권력자 · 유산자를 타도할 만한 치명적 타격력을 축적하는 것은 절대로 용납되지 않는 일이라는 점은 앞서 이야기한 대로이니, 무권력자와 무산자는 현대의 권력자 · 유산계급을 쓰러뜨릴 다른 방법을 적극적으로 생각해야만 한다. 노동자와 농민이 손을 굳게 잡고 오늘의 군대와 경찰을 말살할 수 있을 만한 힘을 길러야 한다는 점을 우리들은 진심으로 각오하고 있다.

국가가 무산계급에게 참정권을 부여하는 것도, 그 운동을 허용하는 것도 국가에 위험이 없을 정도로만 주고, 그것을 허용하는 것이다. 아니, 오히려 그러는 편이 국가에게 유리하다고 인정될 때만 그것을 주고, 또 그것을 허용한다. 각국의 무산자 계급이 정치운동으로 그 자유를 애원하는 동안은 아직 천하태평, 국가 안전의 상태다. 보라, 영국, 프랑스, 미국 등의 각국은 이미 무산자 계급의 참정권을 허락하고, 각 정당의 족출(簇出)을 허용하고 있다. 그리고 깨끗한 한 표로 몇 명인가의 대의사가 당선되어, 무산자 계급의 의회를 대표하는 제목을 늘어놓고 있다. 그러나 그들은 그렇게 함으로 해서 무엇을 얻었는가? 그들은 단지 아첨하는 권력업자들로부터 정권 쟁탈의 도구로 이용되고 있을 뿐이다. 보기에도 처참할 정도로 이용당하는 데 안주하고 있는 형편이니, 앞으로 몇 년이 지나야 참된 무산자 계급 정당이 정권을 잡게 될 것이란 말인가? '쥐구멍에도 볕 들 날이 있다.'고 하지만 우리들은 그때까지 기다리고만 있을 수는 없다. 어째서일까? 그것은 국민을 대표하고 있는 것처럼 보이는, 혹은 국민의 편이라고 하는 각 정당의 의회운동에 의해서 주어진 국민의 행복은 직접적인 힘으로 얻는 편이 빠르기 때문이다. 아니, 의회에 의해서 주어진 행복은 실력으로 국민이 직접 획득한 것을 뒷받침하는 것일 뿐, 우리의 실력이 가장 중요한 것이다.

의회행동이 중요한 것이 아니다. 오오, 자유. 자유는 힘과 함께 오는 것이라는 사실을 알라. 자신의 권리를 만들어주는 것은 오직 자신의 힘뿐임을 알라.

권력의 강압을 증오하고 자유를 사랑하는 우리들 무산ㆍ무권력자들이 당연히 취해야 할 행동은 직접 행동이다. 앞서도 이야기한 봉기, 폭동, 반란 등은 그 가장 유효하고 유력한 수단이다. 그러나 그것은 어느 정도까지 민심이 이미 동요하기 시작해서 국가의 규율이나 권위에 이완이 발생하고, 또 사회적 정세가 혼란해지기 시작한 시대 내지는 무대를 필요로 한다. 그것은 적어도 현재의 일본 내지에서처럼 숨 막힐 것 같은 압제를 그대로 내버려두는 현 단계에서는 불가능하다. 무산자가 조금은 숨을 쉴 수 있도록 사회적 정세의 혼란과 국가 규율의 이완을 일으킨 후에라야 폭동·반란을 행할 수 있는 법이다. 오스기 사카에(大杉榮)가 말한 것처럼 경찰관과 같은 심리를 가진 국민이 많아서는 불가능한 법이다.

그리고 어떤 자들은 모든 국가조직은 생산조직의 반영이라는 견해에서 노동조합운동, 경제적 직접행동으로 나아갈 것을 우리들에게 권하는데, 그들은 그 전투수단으로 스트라이크나 사보타주나 보이콧 등을 최후의 결정적인 것이라 보고 제너럴 스트라이크를 주창할 뿐이다. 따라서 국가의 권력으로 짓밟으면 폭동화·반란화하는 데까지는 가지 못하는 일본의 국정을 깨닫지 못한 우상적 혁명론이다.

그런데 우리들은 어머니의 태내에서 세상에 태어난 순간부터 죽음에 이르기까지 늘 국가의 엄중한 감시와 제재 속에서 생활하고 있다는 사실을 알고 있지만, 그 국가를 착란시키고 감시를 깨부수어야 한다는 사실을 알고 있지만, 그런 행동에 나서도 국가가 그것을 국가에 대한 반역행위라 칭하며 예의 군대와 경찰관을 보내 학살을 하지 못할, 혹은 감옥에 보내지 못할 방법으로 해야만 한다. 그것은 무엇일까? 바로 음모다. 지금의 일본에서 충의로운 구더기들이 입에 침이 마르도록 찬미하고 있는 겐로쿠(元祿) 시대의 충신장 47명의 쾌거도 음모 아니었던가? 일본의 메이지(明治) 유신을 혁명한 사쓰마(薩摩)·조슈(長州) 두 번(藩)의 교토(京都)에서의 활약도 전부 음모였다. 러시아의 사회혁명도, 프랑스의 혁명도 그 초기에는 음모가 가장 중대한 역할을 수행했다는 것은 주지의 사실이다. 유명한 전제군주인 론일이 군대의 담벼락으로 그 주민을 지키고, 매일 밤낮으로 그 거처를 바꾸고, 옷을 갈아입고서도 여전히 전전긍긍하며 편안히 잠을 자지 못했던 것은 어째서일까? 그것도 음모의 위협이었다는 사실을 잊어서는 안 된다. 현대의 각국, 특히 제국주의적 일본 국가의 권력자들이 가장 두려워하는 것도 바로 음모다. 그들이 경계하고 증오하고 우리들을 철천지원수처럼 악착같이 따라다니는 것도 우리들의 음모를 두려워하고 있기 때문이다.

그렇다면 음모가는 어떻게 해서 그 목적을 실현하려 하고 있을까? 음모가는 폭탄과 총과 칼과 독과 사람, 그리고 자신의 생명으로 그 목적의 실현을 기하고 있다. 온갖 기회를 이용하여, 온갖 수단을 동원하여 음모의 실현을 기도하고 있다. 목적은 수단을 정당화한다. 볼셰비키는, 목적은 수단을 정당화하기 때문에 수단을 가리지 않는다고 했으나, 우리들은 목적이 수단을 정당화하니 수단을 가리고 싶다.

언제나 가능한 한 유효한 수단을 선택하겠다고 말하고 싶다. 무릇 무엇이 됐든 가능한 한 모든 것을 망설임 없이 이용하는 것이 혁명전사가 취해야 할 방법이다. 노자의 '수컷을 알고 암컷을 안다.[22]'는 말도 아마 그 이치를 갈파한 것이라 생각된다. 구불구불 휜 나무가 아름답다거나, 곧게 뻗은 나무가 아름답다고 말하는 것 모두 잘못된 말이다. 곧게 뻗은 나무는 그 나무가 곧게 서 있어야 할 곳에 있을 때에만 아름답다. 구불구불한 나무도 그 구불구불한 나무가 서 있어야 할 곳에 있을 때에만 아름답다. 그리고 그렇지 않은 경우에는 전부 추하다고 밀레는 말했다. 또한 휘트먼의 시를 떠올려보기 바란다.

「나는 어떤 자가 위대하고
어떤 자가 왜소하다고는 말하지 않는다.
그 때와 장소를 얻은 자는 모두 평등하다.」

따라서 음모를 꾀하기 위해서는 음모를 실현할 여러 조건을 갖출 필요가 있다. 음모를 꾀하기 위해서는 무엇보다 우선 교묘하게, 그리고 민첩하게 가면을 써야 한다. 성경 속에 있는 위선자의 참뜻은 배우(俳優)를 의미하는 것이라

---

22) '수컷을 알고 암컷을 지킨다.'의 잘못인 듯.

고 하는데, 그 배우라는 위선자는 무대 위에서 왕자(王者)가 아니면서 왕자의 가면을 쓰고, 또 때로는 사자(死者)가 아니면서 사자의 가면까지 써야 하는 법이다. 위선자라는 비난을 받아도 상관없다. 우리들도 한동안 참으며 이 음모를 실현하기 위해서 배우처럼 연기하겠다. 때로는 충의로운 자가 아니면서 충의로운 자의 가면을 써야 하는 경우도 있다. 때로는 도덕가가 아니면서 이른바 도덕가의 가면을 써야 하는 경우도 있다. 또 때로는 겁쟁이가 아니면서 겁쟁이의 가면을 써야 하는 경우도 있다. 배우는 관객의 기호에 따라 관객을 즐겁게 하고 웃게 하기 위해서 자신의 극을 관객에게 보이는 것이다. 그리고 자신의 생활비를 관객에게서 얻기 위해 가면을 쓰는 것인데, 우리들도 우리들 적의 기호에 따라서 적을 쓰러뜨리기 위해, 우리들의 막으려야 막을 수 없는 내면적 요구의 표현으로 불타오르는 것 같은 반역심을 채우기 위해 가면을 쓰는 것이다. 따라서 진지하게 가면을 쓰는 것이다. 이 가면은 또한 자연계에서도 헤아릴 수 없이 행해지고 있는 음모의 정당성을 뒷받침하고 있다. 약하고 작은 동물의 의태(擬態)가 바로 그것이다. 보호색이 바로 그것이다. 나무줄기에 앉은 나방은 그 몸의 색깔을 나무껍데기와 똑같이 만든다. 두견이나 벙어리뻐꾸기 같은 새들은 맹금류인 매와 그 생김새가 비슷하다. 거미 등은 적에게 쫓기면 먼지처럼 위장한다. 이처럼 커다란 강적들에 둘러싸인 것들은 모두 자신을 방어하기 위해서 적을 속이기에 충분한 가면을 쓰고 있다. 진지한 혁명가들이여, 반역자들이여, 가면을 사용하라. 매우 과감하고 대담하게, 완강하게, 그리고 민첩하게 가면을 사용하라는 것이 나의 음모론이다.

 '무모함은 곧 자살이다.'라고 칸트가 말했다고 하는데, 나의 이른바 가면은 단순한 무모함이 아니다. 극도로 필요한 전략이다. 부르주아의 한 장군인 사이고 난슈(西鄕南洲)의 말 가운데 '싸움에 임할 때는 책략이 있어야 한다.'는 것이 있다. '군자는 화합하되 무리 짓지 않으며, 소인은 무리 짓되 화합하지 못한다.'고 공자는 말했다. 그러나 혁명적 전사는 굳이 군자가 되지 않아도 상관없다. 필요에 따라서는 마땅히 참으며 소인의 흉내를 낼 필요도 있다. '호언영색선의인(好言令色鮮矣仁)[23]'이라고 공자는 말했다. 그러나 전사는 인자가 되지 않아도 상관없다. 경우에 따라서는 호언영색을 얼마든지 사용해도 상관없다. '군자는 목이 말라도 도둑의 샘물은 마시지 않고, 배가 고파도 적의 식량은 먹지 않는다.'라고 하나, 혁명의 전사는 필요에 따라서 도둑의 샘물도 마시고 적의 식량도 참고 먹지 않으면 안 된

---

23) '巧言令色鮮矣仁'의 잘못인 듯.

다. '양심이 없는 사람은 금수다.'라는 말도 흔히 들을 수 있다. 그렇다면 그 양심이란 대체 무엇이란 말인가? 정직함이나 정직한 마음, 그것을 이른바 양심이라고들 하는데, 그와 같은 양심은 적어도 혁명전사에게는 매우 위험한 것이다. 싸움에 임해서는 교활함과 맹렬함, 이것만이 실로 중요한 무기이다. 슈티르너(Stirner)가 말한 대로 사람들은 왜 감옥에서 달아나라고 한 것일까? 충고에 반항하게 한 양심의 적에게 소크라테스를 칭찬하는 것은 한심한 일이다. 아테네 인민들에게 자신을 벌할 권리를 준 소크라테스의 양심은 한심한 것이었다. 그렇다, 그런 점을 생각한다면 소크라테스의 제자인 알키비아데스는 과연 현명했다. 그는 신출귀몰한 행동으로 아테네, 스파르타, 페르시아 세 강국을 흔들어놓지 않았는가? 슈티르너는 그에게 천재적인 음모가라는 칭호를 주었다.

마가는 예수에 대해서 다음과 같이 말했다.

「예루살렘으로 올라가는 길에 예수께서 그들 앞에 서서 가시는데 그들이 놀라고 따르는 자들은 두려워하더라. 이에 다시 열두 제자를 데리시고 자기가 당할 일을 말씀하여 이르시되 보라 우리가 예루살렘에 올라가노니 인자가 대제사장들과 서기관들에게 넘겨지매 그들이 죽이기로 결의하고 이방인들에게 넘겨주겠고 그들은 능욕하며 침 뱉으며 채찍질하고 죽일 것이냐」

　정말 그렇다면 예수는 분명히 자업자득이라 할 수 있는 죽음을 맞이한 것이다. 사람들은 인자 예수를 십자가에 못박은 로마제국의 행정관을 비난하기에 앞서 그 사실을 충분히 알고 있었으면서도 스스로 나아가 로마제국 관리의 독 묻은 손에 그 몸을 맡기기 위해 태연히 예수살렘으로 올라간 인자 예수를 비난해야 할 것이다. 그에 비하면 루터는 참으로 현명했다. 그는 자신의 적수인 로마 교황의 눈을 교묘하게 속이고 바르트부르크에 숨었다. 그리고 그는 자신의 일을 계속했다. 적어도 국가 권력에 반대해서 무엇인가 한 가지 일을 이루려면 반드시 가면을 써야만 한다. 다이너마이트에 뇌관이 필요한 것처럼 혁명가 · 반역자에게는 반드시 가면이 필요한 법이다.

　도쿠가와 시절의 막부가 어용학자인 오규 소라이(荻生徂徠)를 '무릇 사람이란 선천적으로 그 기량과 재지(才智)가 서로 다른 법이다. 같은 사람은 천지간에 하나도 없다. 사람의 마음이 같지 않음은 그 얼굴이 같지 않음과 같다. 따라서 윗사람의 생각에 추호도 어긋남 없이 행동하여 마치 신의 마음을 알아 신의 몸을 나누어가진 것과 같은 사람은 모두 자신의 기량과 재지를 발휘하지 않는 것이다. 굳이 억눌러 윗사람에게 영합하는 무리인 것이다. 이런 사람에게 자신의 몸을 내던질 만큼의 충의심은 전혀 없다. 커다란 악인이다.'라고 했는데, 권력자 및 그 실권자에게 있어서 커다란 악인은, 곧 혁명가 · 반역자에게 있어서는 커다란 선인인 것이다. 싸움에 임해서 적의 커다란 악인은, 즉 우리의 커다란 선인이다. 산양에게 좋은 풀이 사자에게도 좋은 풀은 아니며, 사자에게 좋은 토끼도 산양에게는 좋은 토끼가 아니다. 하나의 가면도 쓰지 못하는, 하나의 음모도 세우지 못하는 혁명가는 참된 혁명가도, 반역자도 아니다. 그것은 이른바 양심에 대한 겁쟁이다.

아니면 골수까지 썩어문드러진 비겁자다. 진지한 혁명가 · 반역자 모두에게 거듭 말하겠다. 가면을 사용하라. 사리를 분별할 줄 모르는 주위 사람들의 같잖은 훼예포폄(毀譽褒貶) 따위에 연연하지 말고, 기요자와 만시(淸澤滿之)도 말한 것처럼 '비방, 빈축, 수많은 능욕, 마음에 둘 필요 없다.' 더없이 과감하고 대담하게, 굳게, 그리고 민첩하게 가면을 사용하라. 그리고 커다란 음모가가 되어야 한다. 그리고 이용할 수 있는 모든 것들을 망설임 없이 이용해서 신출귀몰적으로 행동하는 것이 혁명가의 본질인 것이다. 우리가 음모를 세울 때 늘 염두에 두고 잊지 말아야 할 것은 결사, 특히 영속적인 결사는 금물이라는 점이다. 다시 말해서 비밀결사는 안 된다는 점이다. 그것은 깊이 생각해봐야 할 문제라는 점이다. 음모의 실행은 권력자들이 가장 두려워하고, 또 극단적으로 증오하는 것인 만큼 언제든 심각한 희생이 음모가를 덮칠 우려가 있다. 따라서 비밀결사를 크게 경계해야 한다는 사실을 나는 체험적으로 실감했으며, 그렇게 알고 음모를 꾀하게 되었다. 비밀결사를 조직했다 할지라도 그 결사를 영속적으로 유지해 나가는 것의 커다란 어려움, 오히려 희생을 요구하는 단서를 만드는 것과 같은 비밀결사는 안 된다. 따라서 나 혼자의 힘으로 가장 효과적으로 국가의 규율을 흔들어 전 국민의 가슴을 쳐서 잠들어 있는 영혼을 깨울 만한 대역사건을 결행하기 위해서 나는 음모를 꾀한 것이다. 이 음모를 성취하기 전에 발각되어 이렇게 되어버렸다는 점을 생각하면, 나는 앞으로도 두 번, 세 번 조선 민족이 있는 한, 강도 일본이 계속되는 한, 몇 번이고 거듭될 음모가를 위해서 해서는 안 될 말은 하지 않겠다. 해도 상관이 없을 말은 하겠다. 앞으로도 계속될 음모가들을 위해 경계해주기 바란다. 참고가 될 만한 말은 하겠다. 방해가 될 말은 하지 않겠다. 이것이 나의 음모론이다. 정정당당한 음모론에 덮개를 씌운 가면론이다.」

위와 같은 답변으로 악질적인 예심판사의 질문에 마지막 결투장을 던졌다.

5. 박열 군의 성장과정

대역사건을 결의 · 결행한 박열 군은 어떤 성장과정을 거친 사람일까 하는 점은 독자가 듣고 싶어 하는 흥미로운 부분이기도 할 테지만, 재판소에서도 극명하게 조사했다. 그러나 필자는 친형인 박정식 군의 예심조서에 따라서 그 일단만을 이야기하여 독자의 흥미에 답하고, 박열 군의 전기는 적당한 동지의 집필에 양보하기로 하겠다.

문 : 사건 당시, 호적상 박열의 가족은 어떻게 되어 있었는가?

답 : 친형 박정식, 제가 호주이고 저의 아내가 이별(李別), 장남 형래(烔來), 장녀 원희(元姬)와 조모가 생존해 계셨습니다.

문 : 박열이 태어난 연월일은?

답 : 음력 메이지 35년 2월 3일(양력 1902년 3월 12일) 생입니다.

문 : 일족 가운데 정신병에 걸린 자는 없는가?

답 : 가계에 대해서는 존속친의 방계 조부가 삼형제, 조모가 사형제, 친아버지가 이형제, 친어머니가 삼형제였습니다만, 삼족 가운데 정신이상자는 한 사람도 없습니다.

박열의 일족은 매우 명랑하고 건강하며, 지방에서 상당히 존경받는 자가 많았다.

문 : 증인의 가문은?

답 : 양반입니다. 이조시대부터 제게 이르기까지 17대로, 그 가운데에는 반상후(飯尚候)라는 상당히 유명한 사람도 나왔습니다.

문 : 가업은?

답 : 농업입니다만 단순한 자작농이 아니고 일한병합 전에는 상당히 유복한 지주계급에 속해 있었으나 지금은 약간의 자작전(自作田)과 소작 수확으로 생계를 유지하고 있으며 가옥은 제 것입니다.

그 외에도 봄과 가을 두 계절에 양잠으로 일가의 생계를 꾸렸는데 조선병합 이후의 착취로 인해 일가가 점점 기울고, 박열 군 등의 학교교육 등에 부담한 경비도 증가했기에 일가의 생활이 어려워져 극심하지는 않았으나, 조선 민족 일반의 어려운 생활상을 자세히 진술했다.

문 : 종교는?

답 : 종교는 없습니다. 단지 한문을 배웠을 뿐, 가족 가운데 신교자는 한 사람도 없습니다.

문 : 증인의 학력은?

답 : 9세 때 초등과, 일본식으로 말하자면 데라고야(寺小屋)24)에서 천자문을 처음 배웠고 그 후에는 여러 가지로 일본 교육을 받았으며, 1910년도에 잠종전습소(蠶種傳習所)에서 6개월의 교육을 받아 양잠교사를 하고 있습니다.

이러한 학력과 함께 여러 가지 공공사무에 종사한 경력을 이야기하고 지방에서는 존경받는 입장에 있었다는 사실을 이야기한 뒤, 마침내 박열 군의 성장과정에 대한 심문을 받았는데 그 답을 요약하면,

「박열 군은 7세부터 9세까지 서당에서 천자문, 동몽선습, 치감강목 등을 배웠고, 10세 때 조선의 보통학교에 입학하여 자택에서 통학하며 14세에 같은 학교를 졸업했다. 그후, 1916년인 15세 때 경성고등보통학교에 입학했는데 학교에서의 성적은 언제나 우등, 나쁘지 않았다.

성질은 어렸을 때부터 마음먹은 일은 무엇이든 끝까지 해내는 고집쟁이로 경성의 고등보통학교에의 입학을 희망

_____

24) 서당을 말한다.

했을 때도 혼자서 모든 입학수속을 마쳤으며, 시험에도 급제해서 박열 군의 희망대로 승낙한 것이었다. 그런데 도중에 퇴학하게 된 것은 가정형편 때문에 학비를 보내기 어려워진 사정도 있었으나, 그보다는 사상경향이 학교를 떠나게 했다고 말하는 편이 정확할 것이라 여겨진다. 학교를 그만두고 집으로 돌아온 적도 있었으나 집에서 농사를 짓는 형을 도와줬으면 좋겠다고 말해도, '나는 살아 있는 것만이 목적이 아니다. 먹고사는 것은 어딜 가든 문제없다. 먹고사는 것만이 인생의 목적이라면 살아 있을 필요는 없다. 나는 공부를 해서 뒤따라올 자제를 위해, 조선의 다음 시대를 짊어질 후진을 위해 일하고 싶다.'는 말을 입에 달고 살았으며, 형의 가업을 도우라는 말은 받아들이지 않았다.

그 후 5년의 세월이 지나 도쿄에서 양복 입은 모습의 사진을 한 장 보내온 적도 있기는 했으나, 도쿄에서 나와 경성까지 왔다는 이야기는 들었어도 집까지 온 적은 없었다. 도쿄에서 어떤 일을 했는지는 잘 모른다. 집을 떠난 뒤 보름쯤 지나서 엽서를 보내온 적도 있었으나 그 엽서는 집의 안부를 묻는 것이었다. 자신은 열심히 공부하고 있으며, 평생의 목적을 향해 나아가고 있으니 안심하라는 내용이었다.

그 후 1년쯤 지나서 온 엽서 역시 집의 안부를 묻는 것이었으나 보낸 곳이 형무소였기에 우리는 크게 놀랐는데, 그때는 이미 이번 사건으로 수용되었을 때라 여겨진다.」

이런 진술 뒤에 판사의 질문이 이어졌다.

문 : 박열은 재학 중 어떤 마음이었고, 공부에 임하는 자세는 어땠는가?

답 : 당시 상당히 재능이 있는 것이라 여겨지는 성적을 보였는데 무슨 일이 있어도 공부를 해서 후진을 지도하겠다고 했습니다. 고등보통학교 사범과에 입학한 것도 역시 후진을 지도하기 위해서는 사범과가 좋다고 생각해서 입학한 것이라 여겨집니다.

문 : 박열의 평소 소행에 대해서 뭔가 이야기를 나눈 것은 없는가?

답 : 보통학교 졸업 당시 박열은 학문을 하고 입신해서 후진을 교양하겠다고 말했지만, 저는 우리 집에는 그런 공부를 시킬 만한 자본도 없으니 그건 안 된다고 말했으나, 무슨 일이든 공부하기에 따라서 가능하니 자기는 이를 끝까지 해낼 생각이라고 말했습니다.

입버릇처럼 말한 자제 교육, 후진 지도가 박열 군의 희망이었던 듯하다.

문 : 박열의 건강 상태는 어땠는가?

답 : 어렸을 때부터 병을 앓은 적은 없었습니다. 보통 체격에 보통 키, 썩 좋은 체격은 아니지만 튼튼한 편입니다.

문 : 경성에서 유학하기 전의 주요한 친구들은 어떤 사람들이었는가?

답 : 저희 마을은 대여섯 호 정도밖에 없는 한촌으로 보통학교까지 5, 6리나 가야 하는 곳이었기에 특별히 친구라고 할 만한 사람은 없었던 듯합니다.

문 : 경성에 간 후의 친구는 어떤가?

답 : 처음에는 하숙집에 있었고, 친구 두어 명과 자취를 한 듯했으나 친구들이 어떤 사람이었는지는 잘 모릅니다.

문 : 박열이 고등보통학교에 입학하기 전, 노동문제, 사회문제, 그 외에 대해서 이야기한 적 없었는가?

답 : 그런 것은 들은 적이 없습니다.

문 : 조선 민족으로서 조선의 왕실에 대해서 박열 군은 존경심을 품고 있었는가?

답 : 그런 건 들은 적이 없어서 잘 모르겠습니다.

문 : 보통학교에서 거짓 교육을 받았으며 조선의 역사를 존중하지 않는다거나, 정치상 · 사회상의 관계, 혹은 일한

민족의 관계 등에 대해서 이야기한 적은 없었는가?

답 : 그런 것은 들은 적도, 이야기한 적도 없습니다.

문 : (고등)보통학교 퇴학 후 집으로 왔을 당시, 혹은 다른 때에 박열로부터 황족이나 왕족에 대한 생각, 현재의 정치 · 사회, 일선민족 등에 대한 감상 등에 대해서 들은 적은 없었는가?

답 : 그런 말 역시 이야기한 적도 없고, 또 들은 적도 없습니다.

문 : 1917년[25] 봄에 조선 독립운동이 있었고, 그 무렵 박열은 그 운동에 참가했으며, 매우 흥미를 가지고 이야기한 적이 있었다고 하던데, 어떤가?

답 : 그런 말도 저는 들은 적이 없습니다.

문 : 고등보통학교 재학 중의 학자금은 어땠는가?

답 : 1개월 평균 10엔 정도 송금했습니다. 박열은 와세다 대학으로부터 정치경제에 관한 강의록을 취하고 있었기에 1년에 두어 번 임시비로 30엔 정도 보낸 적도 있었으니, 1년에 어림잡아 300엔은 들었던 듯합니다.

문 : 1918, 9년 무렵에 너희 집은 파산했다고 하던데 어떤 이유에서인가?

답 : 저희 집은 원래부터 자산가는 아니었습니다. 조선의

---

25) 1919년의 잘못인 듯.

집들은 모두 점점 가난해져가고 있습니다. 거기다 박열의 학비를 내기도 하고, 아이의 몸이 약해서 치료를 받기도 하고, 교활한 사람에게 속아 도장을 찍기도 했기 때문에 파산했습니다.

문 : 증인의 집안에 입신한 사람이 있는가?

답 : 있습니다. 8대 가운데 학문이 뛰어나고 도덕이 높아 남야공(南野公)이라 불렸던 박동(朴東)이라는 분이 계셨습니다. 또 직계 20대 무렵에 형제 5명이 시험에 응해 전부 급제했기에 명예로운 집안으로 칭송받은 적도 있었습니다.

문 : 박열이 일본에 온 이후 집에 간 적이 있었는가?

답 : 그건 아까도 말씀드린 것처럼 경성까지 온 적은 있었으나, 집에 온 적은 없었습니다.

문 : 박열의 친구 가운데 집으로 찾아온 자는 없었는가?

답 : 그런 자는 없었습니다.

문 : 박열이라는 이름은 어디에서 나온 것인가?

답 : 아버지가 그에게 준 이름은 박준식입니다. 그런데 그가 일고여덟 살 무렵, 서당에 다닐 때, 자신의 성질을 생각해보면 격렬한 성질을 가지고 있으니 나는 박열이라고 해야 한다고 했기에 박열이라 부르게 되었습니다.

문 : 열이라는 건 어떤 의미인가?

답 : 마음먹은 일은 무슨 일이 있어도 실행한다는 기풍을

나타낸 것이 열이라는 의미입니다.

문 : 그 외에 그에게서 무엇인가 듣거나, 이야기를 나눈 것 가운데 참고가 될 만한 것은 없는가?

답 : 없습니다. 단지 인간으로서 살아가는 이상, 그냥 살아가는 것만 가지고는 재미가 없다. 어떤 방법으로든 그저 살아가는 것뿐이라면 누구라도 할 수 있다. 또한 금전이나 재보를 쌓는 일도 누구나 할 수 있지만, 그런 건 재미없다. 나는 가능한 한 충분히 공부해서 자제를 교육하여 조선의 민중을 영리하게 만들고 싶다고 말했습니다.

문 : 가정에서는 평화로웠는가?

답 : 가정은 물론 부락민과도 평화로웠습니다.

문 : 다시 한 번 묻겠는데 박열의 생년월일은?

답 : 올해로 헤아리자면 스물넷이라 여겨지는데, 1902년 2월 3일인 것만은 틀림없는 사실입니다.

친형인 박정식 군이 예심조서에서 이야기한 박열 군의 성장과정은, 성격이 강직하고 뜻이 웅대하다는 사실을 분명히 보여준다.

6. 후미코 씨의 성장과정

문 : 피고는 어떻게 해서 지금과 같은 사상을 품게 되었

는가?

답 : 사상이라는 건 어디에서 주워오는 것도, 밖에 있는 것을 자신이 끌어안는 것도 아닙니다. 자신이 자란 가정환경과 사회로부터 받은 영향에 의해서 스스로 성장하는 것입니다.

문 : 그렇다면 피고의 가정환경은 어떤가?

답 : 제게는 가정이라고 부를 만한 것이 없습니다.

문 : 하지만 가정환경이라고 말하지 않았는가?

답 : 가정환경이라고 말했습니다. 하지만 그건 일반적으로 말하는 가정이 아닙니다.

문 : 어째서 일반적으로 말하는 가정이 아니라는 거지?

답 : 가정이란 가정답게 아이를 기르는 곳이어야만 합니다. 그런데 저희 가정은 아이를 압살하는 곳이었습니다.

문 : 그렇다면 아이를 압살하는 가정의 관계를 듣기로 하지.

답 : 가족 관계부터 말씀드리겠습니다. 저를 낳게 한 남자는 사에키 분이치라는 사람인데 지금은 마흔일고여덟 살쯤 됐을 겁니다. 만난 적도 없습니다만, 하마마쓰(濱松) 부근에서 살며 사이비기자 짓을 하고 있다고 합니다. 저를 낳은 여자는 가네코 기쿠노인데 사에키 분이치보다 한 살이나 두 살 아래였던 것으로 기억합니다. 저는 지금 저를 낳

게 한 남자라거나 여자라는 말을 썼습니다만, 저는 그들을 아버지라고도 어머니라고도 생각지 않습니다. 단지 저를 낳게 한 남자와 낳은 여자일 뿐이니 가정이라고는 말할 수 없습니다.

문 : 형제가 있는가?

답 : 형제도, 형제답게 정을 나누며 생활한 형제는 없습니다. 하지만 저처럼 분이치가 낳게 하고, 또 기쿠노가 낳은 사내아이가 하나 있었다고 합니다. 이름은 다카토시(賢俊)라고 하는데 지금은 분이치의 집에 있다고 합니다만, 어떤 인간으로 자랐는지는 모릅니다. 그 외에 기쿠노가 다른 남자와의 사이에서 하루(ハル)라는 아이를 낳았다는 말을 들었으나 그 아이와도 만난 적이 없습니다.

문 : 피고에게는 부모도 있고 형제도 있으면서 왜 그런 식으로 말하는가?

답 : 당신들이 보기에는 부모도 있고 형제도 있는 것처럼 보일지 모르겠으나, 그 이른바 부모와 형제라는 것도 뿔뿔이 흩어져서 만난 적도 없고 이야기를 나눈 적도 없을 뿐만 아니라, 저는 무적자(無籍者)로 버림을 받았습니다. 어찌 제게 가정이 있다고 할 수 있겠습니까? 또 제게 어찌 부모가 있다고 말할 수 있겠습니까? 거기다 또 제게 어찌 형제가 있다고 말할 수 있겠습니까? 저는 그 사람들의 모든 것

을 저주합니다.

　문 : 자세한 이야기를 듣고 싶으니, 경력을 얘기해줬으면
하는데.

　답 : 얘기하겠습니다. 제가 철들었을 때의 일로 기억할
수 있는 것은 4살 때의 일입니다. 당시 분이치는 요코하마
(橫濱)시에서 살고 있었는데 순사를 하고 있었던 것으로 기
억됩니다. 분이치는 사소한 일에 신경을 쓰는 남자로 꼼꼼
한 성격이었다고 생각되지만, 한편으로 보기에 따라서는
아이를 좋아하는 성격이었다고도 여겨집니다. 한번은 저를
목말을 태우고 놀러간 적도 있었기에 그렇게 생각하는 것
입니다. 또 저와 관련된 모든 일들을 돌봐준 적도 있었다고
생각되지만, 그건 전부 일시적인 기분에 지나지 않았습니
다.

　기쿠노의 성질은 그런 점에서 분이치와 달라서 야무지지
못하고 무신경한 사람으로, 아이를 전혀 돌보지 않았기에
분이치는 늘 기쿠노를 야단쳤던 듯합니다. 그 때문에 가정
은 어지러워졌고, 결국은 흩어지게 되었습니다.

　문 : 가정이 어지러워졌다는 것은 다른 여자라도 왔다는
말인가?

　답 : 그렇습니다. 분이치가 기쿠노 외에 여자를 집에 들
였기에 그 여자와 기쿠노는 시종 싸움을 했고 분이치는 그

때마다 여자를 편들어 기쿠노를 치기도 하고 때리기도 했는데 그것을 보고 저는 어린 마음에도 맞는 것은 불쌍한 일이라고 생각했습니다. 하지만 때리는 사람도 가엾기는 마찬가지입니다. 가엾게도 서로 때리기도 하고 맞기도 하면서 어째서 같이 살지 않으면 안 되는 걸까 생각한 적도 있었습니다.

문 : 그렇게 부모님의 마음이 서로 갈라지기 시작하면서 아이들도 고생을 하게 되었단 말인가?

답 : 부모님이라고 하지 마세요. 싸움만 하는가 싶더니 결국은 분이치가 유곽에 들어가 나오려 하지 않는다고 기쿠노가 울며 하소연한 적이 있었습니다. 또 제 손을 잡고 유곽까지 분이치를 데리러 간 일도 기억하고 있습니다. 그때 분이치가 잠옷을 입은 채로 달려나와, 기쿠노를 유곽 밖으로 밀쳐내고 심하게 때린 일도 기억하고 있습니다. 기쿠노는 커다란 소리로 울며 집으로 돌아갔습니다. 분이치가 뒤에서 침을 뱉었던 일도 기억하고 있습니다. 분이치가 집에 돌아왔을 때 기쿠노가 옷을 정리하다 품속에서 과자봉지나 귤껍질이 나오면, 대체 이걸 어디서 사서 어디서 먹은 거지? 아이들의 선물도 사오지 않는 아버지가 어디 있느냐며 덤벼든 적이 있다는 사실도 저는 기억하고 있습니다. 제가 6살쯤에 다카토시가 태어났는데 같은 해 봄부터 기쿠노

의 여동생이자 저의 이모인 가네코 다카노(金子タカノ)가 병의 요양을 위해서 요코하마로 와 있었습니다. 그 무렵 기쿠노는 내직(內職) 때문에 집을 자주 비웠는데 분이치는 기쿠노가 집을 비우면 저를 밖으로 내보내놓고 다카노와 관계를 맺은 듯했습니다. 저는 어렸지만 아무래도 그런 일이 있는 것 같다고 여겨졌기에 밖에서 돌아와 호기심에 장지 너머를 들여다보고 사람이란 정말 기가 막힌 존재라고 생각한 적이 있었습니다. 그리고 제가 7살 되던 해 여름에 분이치는 순사를 그만두고 빙수가게를 시작했는데 애들이 있으면 장사에 방해가 된다며 집을 한 채 더 빌려 저희들은 거기로 내몰고 빙수가게에서는 다카노와 분이치가 함께 살았습니다. 그러던 어느 날, 저는 기쿠노의 손에 이끌려 분이치의 집에 간 적이 있었습니다. 무엇 때문에 가는 걸까 생각했는데, 기쿠노는 분이치에게 쌀이 한 톨도 없어서 아이들에게 밥도 주지 못한다며 우는 소리로 말했습니다. 그때 분이치는 술친구 두어 명과 화투를 치고 있었던 것이라 여겨지는데, 벼락같이 자리에서 뛰쳐나와 이 년 내기를 하고 있는데 재수 없는 말을 하는 못된 년이라며 밀어 떨어뜨렸기에 기쿠노는 몸을 다쳤고, 저는 그런 말을 듣자 진짜로 배가 고파져서 힘들어하며 밤길을 기쿠노와 함께 집으로 돌아온 적이 있다는 사실도 기억하고 있습니다.

그로부터 얼마 지나지 않아서 다카노가 시골 고향집으로 돌아간다고 했고, 기쿠노는 그것을 진심으로 받아들였지만 다카노가 짐을 싸가지고 돌아간 것과 동시에 분이치도 사라졌고, 이틀이 지나고 사흘이 지나도 돌아오지 않았기에 저와 기쿠노와 다카토시는 당장 먹을 것도 없어서 매일 짚이는 곳을 찾아 헤맸는데 한 골목의 끝 쪽 2층에 다카노의 기모노가 널려 있는 것을 기쿠노가 발견하고 가보니 분이치와 다카노가 방을 빌려 살고 있었기에 기쿠노는 고함을 치며 뛰어들었습니다. 그런데 분이치가 그날 밤에 돌아와서는 기쿠노의 머리채를 잡고 쓰러뜨리더니 때리기도 하고 발로 차기도 했기에 제가 기쿠노를 끌어안아 지키려 했습니다만, 온전히 감싸안을 수는 없었고 순사가 그 자리를 수습해준 적도 있었는데, 저는 그때부터 분이치에게는 부성애라는 것이 없다고 생각하게 되었습니다. 분이치에게 버림받은 기쿠노는 생활에 한층 더 어려움을 느껴 방적공장에 다녔는데, 다카토시가 엄마의 젖이 그리워 울면 저도 괴로워 함께 울었고, 그러는 사이에 기쿠노는 나카무라(中村)라는 사내를 만들어 동거, 그 나카무라에게는 저도 그렇고 다카토시도 그렇고 심하게 학대를 당했습니다. 나카무라는 삼끈으로 저의 손발을 묶어 강 위로 뻗어 있는 나무에 매단 적도 있었습니다. 또 한 번은 학교에 내야 할 월사금(月謝

金) 봉투에서 일부러 현금을 빼내 제가 선생님께 야단을 맞도록 만든 적도 있었습니다. 기쿠노는 그런 사실들을 알고 있었으면서 조금도 저를 감싸주려 하지 않았기에 저는 기쿠노의 모성애라는 것도 의심하고 있었습니다.

얼마 지나 기쿠노는 나카무라와 헤어지고 고바야시(小林)라는 사람과 같이 살았습니다. 고바야시는 야마나시(山梨) 현 기타쓰루(北都留) 군 사람으로, 요코하마에 머물 수 없게 되었기에 그곳으로 돌아갈 때 모두를 함께 데리고 갔으나, 기쿠노가 고향으로 돌아갔다는 말을 본가의 큰아버지가 듣고 데리러 와서 세 사람 모두 데리고 돌아왔고, 기쿠노는 거기서 한동안 제사공장에 다니다 제사공장에서 일하는 것보다는 몸이 편하다며 아이가 셋이나 있는 집으로 저희를 버리고 후처로 들어갔습니다. 그런 기쿠노의 태도에 모성애가 있다고 할 수 있을까요?

제가 아홉 살 되던 해 가을, 조선 충청북도 영강(英江)[26]에서 살고 있던 분이치의 여동생의 남편인 이와시타(岩下)라는 자가 저를 거두어 기르기로 했는데 그때 저를 데리러 온 할머니가, 무적자나 사생아를 거두는 건 좋지 않다고 했기에 저를 그때 처음 외조부의 다섯째 딸로, 그러니까 기쿠노의 동생으로 입적하게 되었습니다. 이렇게 해서 저는 법

---

26) 부강(芙江)의 잘못인 듯.

률적으로도 분이치의 딸도 아니고 기쿠노의 딸도 아닌 셈이 되었다고 해도 좋을 것입니다. 조선에서 저는 매우 매몰찬 대우를 받았습니다. 나막신 끈이 끊어졌다며 학교에서 운동하는 것을 금했고, 물건을 훼손했다며 용돈도 주지 않고, 반대로 손해를 입힌 만큼 돈을 내라는 식으로 취급했습니다. 영도 이하인 조선의 겨울밤에 밥도 주지 않고 문밖으로 내쫓아 괴롭힌 적도 있었습니다. 그래도 열여섯 살 때까지 조선에 있었습니다.

열여섯 살 되던 해 봄, 세상물정을 조금은 알게 되었기에 기쿠노의 고향인 야마나시 현으로 돌아왔습니다. 그때 기쿠노는 친척의 집에서 나온 상태였습니다. 그때 들은 말에 의하면 여기저기 남자를 전전했다고 하는데, 제가 조선에서 돌아왔을 때에는 20리 정도 떨어진 곳에서 명주실 도매상과 함께 살고 있었으며, 저를 그곳으로 거두겠다고 찾아왔으나 도저히 만족스럽게 평화로운 가정을 꾸릴 수는 없을 것이라는 친척의 말 때문에 따라가지 못했고, 부근의 친척집을 전전하게 되었습니다. 그런데 기쿠노의 남동생인 가네코 모(某)라는 스물두 살짜리 중이, 제가 조선에서 돌아왔다는 말을 듣고 찾아와서는, 분이치와 상의한 끝에 저를 아내로 삼기로 했으니 자기 집으로 오라며 데려갔습니다. 저는 결혼할 마음이 없기도 했지만, 특히 외삼촌 아닙니까? 호적상으로는 오누이입니다. 그 중이, 참으로 부끄러운 이야기입니다만, 저의 처녀성을 뺐습니다. 그리고 분이치가 승낙했다고 했으며, 또 분이치도 저와 결혼하는 것을 승낙한다는 편지를 중에게 보냈습니다. 참으로 놀라운 분이치의 태도였습니다. 중의 절에는 상당한 재산도 있었기에 그것을 노리고, 지금까지 버려둔 채 돌아보지 않아 온갖 고생을 맛보게 한 저를 자신의 이익을 위해서 혈연으로 따지자면 외삼촌이자, 호적으로 따지자면 오빠인 중에게 팔았으니, 이 무슨 짓이란 말입니까? 그래도 부성애라는 것이 그 사람에게 있다고 할 수 있겠습니까? 또 저는 예전에 기쿠노에 의해서 기생집에 팔릴 뻔한 적도 있었습니다. 제가 요코하마에 있었을 때, "꽃 비녀를 갖고 싶어."라고 말한 적이 있었습니다. 그러자 하루는 "네게 꽃 비녀를 사줄게."라며 화려한 집으로 데려갔습니다. 그건 역시 기생으로 팔 속셈이었던 것 같았지만, 얘기가 잘 되지 않았기에 그대로 돌아왔습니다. 저는 1920년 4월, 제가 17세가 되었을 때, 버들고리 하나를 끌어안고 도쿄로 상경하여 고학을 시작했습니다. 상경한 제가 사회주의자들과 교류하며 그 후에 지금과 같은 사상을 품게 된 일에 대해서는 나중에 이야기하겠습니다. 지금은 저와 분이치와 기쿠노 사이를 중심으로 해서 제가 어째서 이런 사상을 품게 되었는지, 그 사상의 움직임을 잠깐 이야기하기로 하겠습니다.

　상경 후 보름 정도 기쿠노의 삼촌인 구보타 가메타로(久保田龜太郎)의 집에서 신세를 졌으나, 그 후 후루하타(降旗) 신문점의 석간 팔이를 시작했습니다. 이 점포에서 저는 오전에는 세이소쿠 영어학교 남자부 1년에, 오후에는 겐스(研數) 학관 대수 초등과에 다녔고, 오후 4시부터 밤 12시까지 우에노(上野) 부근에 서서 석간을 팔다가 후루하타의 집에 돌아온 후 쌀을 씻고 배를 채운 뒤, 한밤중인 오전 1시 넘어서 잠자리에 들었습니다. 그런데 후루하타의 집에는 첩이 있었는데 첩 때문에 본처와 아이들이 학대받는 것을 보고 가여워서 견딜 수가 없었습니다. 저의 어린 시절이 떠올라 그냥 보고 있을 수 없었기에 후루하타 신문점 주인에게 충고를 한 적이 있었습니다. 그러자 오히려 제가 그 집을 나오지 않을 수 없게 되었습니다. 그 뒤로 혼고 유시마에 방을 빌리고 밤에 가루비누를 팔며 학교에 다녔는데 스즈키 쓰네사부로(鈴木常三郎)라는 설탕 도매상에서 하녀로 와주었으면 좋겠다고 청하는 자가 있었기에 거기로 가서 반년 정도 일을 했습니다만, 거기에도 첩이 있어서 가정이 평화롭지 못했습니다. 역시 본처와 아이들이 학대받는 모습을 차마 볼 수 없었기에 제가 먼저 그만두겠다고 말하고 나왔습니다. 얼마 후 사회주의자인 호리 기요토시(堀淸俊)

라는 사람이 운영하는 인쇄소의 조판공으로 들어갔으나 거기에도 역시 가정의 분쟁이 있었기에 더는 지켜보지 못하고 나와버렸습니다. 그 사이에 저는 사회주의에 관한 저서나 잡지를 읽고 점점 사회주의적 경향을 띠게 되었으며, 결국은 1922년 3월 무렵, 무명의 일개 선인 박열과 서로 알게 되어 그 사람과 동거하게 되었습니다. 저는 그 사실을 기쿠노와 분이치에게 알렸습니다. 굳이 그들의 동의를 구할 필요는 없었지만, 그랬더니 분이치로부터 제게 '명색이 태정대신(太政大臣) 후지와라 후사나리(藤原房成) 경의 백 몇십 대 후손인 네가 선인과 동거를 하는 것은 광휘로운 집안을 더럽히는 일이니 오늘부로 연을 끊겠다.'는 편지가 왔습니다. 그런 부모가 연을 끊겠다고 해봐야 무서울 건 없었지만, 연을 끊겠다는 그들의 마음을 생각하니 우스워질 정도로 부성애나 모성애 같은 건 느낄 수 없었습니다. 참으로 재미있는 세상입니다.

제가 어렸을 때, 이웃사람이 제게 준 과자 선물을 분이치가 유녀에게 가져다준 적도 있었고, 다카노에게 마음을 빼앗겨 기쿠노와 저를 학대한 분이치의 마음, 그런 일들은 아버지의 자식에 대한 사랑 따위 아버지의 마음에 이성의 그림자가 드리워져 있지 않을 때에만 자녀 위에 실행되었던 것이라는 사실을 증명하는 것일 뿐, 아버지의 마음이 일단

정욕에 지배받게 되면 육욕의 대상으로 옮겨가는 법이어서 자녀에 대한 사랑 따위는 존재하지도 않는 듯합니다. 분이치가 다카노와 함께 도주를 하면 어린 자식 둘이 가난의 구렁텅이에 빠질 것이라는 사실을 알고 있었으면서도 육욕의 대상인 다카노와 함께 도주했다는 사실이 이것을 잘 증명해줍니다. 저를 버리고 다카노와 도주한 순간, 저에 대한 부모로서의 의무와 권리를 완전히 포기한 것이라고 해도 좋을 것입니다. 그렇게 버림받았던 제가 타인의 빵에 의해서 성장한 모습을 본 순간, 분이치는 10년 전에 버린 자식에 대한 소유권, 부모로서의 권리를 멋대로 휘둘러 본인인 제게는 한마디 말도 없이 제 몸으로 기쿠노의 동생의 절을 노리고, 저와 그 중의 결혼을 약속했으니 이게 있을 수 있는 일입니까? 다른 사람에게 고양이 새끼 한 마리를 건네줄 때조차 그 사람이 정말로 갖고 싶어 하는 것인지, 혹은 고양이를 죽여서 샤미센(三味線)을 만들려는 것은 아닌지 정도는 생각해보고 줘야 하는 법 아닙니까? 그런데 분이치는 저를 버린 뒤로 제가 어떤 고생을 맛보았는지, 그 결과 제 성격이 어떻게 변했는지, 제 개성은 어떤지 등은 조금도 헤아리지 않고 단지 아버지로서의 소유권만을 앞세워, 절의 재산을 얻기 위해 제 몸으로 흥정을 하려 했습니다. 그런 인간을 어떻게 아버지라 할 수 있겠습니까? 그 후, 염치없게도 중에게 금품을 요구했다고 합니다. 그런데 중이 거절하자 제게 "그런 변변찮은 놈은 폐병에라도 걸려서 뒈져야 돼."라고 말한 적이 있었습니다. 분이치는 중에게 시집을 가라고 저를 설득할 때는 입에 침이 마르도록 칭찬을 하더니, 중이 금품을 거절하자 이렇게 욕을 해댔습니다. 결국 분이치는 딸의 몸값을 중에게 청구한 셈입니다. 제가 광휘로운 태정대신 후지와라 경의 백 몇 십 대 후손이라는 점을 들어 분이치는 저와 연을 끊겠다고 했습니다만, 무릇 분이치는 저를 무적자로 내버려두었다가 천한 평민의 집안에 들였으면서, 자신의 정욕을 채우기 위해서는 제멋대로 행동하는 인간입니다. 기쿠노는 기쿠노대로 자신의 몸이 편할 것이라 여겨지면 자식들을 버리고 다른 집의 후처로 들어가고, 몇 사람이고 몇 사람이고 남자를 바꿔 차례차례로 전전하니, 이걸 대체 어머니라고 할 수 있겠습니까? 제가 분이치를 아버지라 하지 않고, 기쿠노를 어머니라 하지 않는 것은 과연 저의 부덕함 때문일까요? 부모로서의 사랑은 주지 않고 결과만을 갈취하려 하는 이기적인 사랑이자 소유욕의 변태이며, 소유욕의 대상인 저는 부모에 대한 효도라는 것을 이해할 수 없습니다. 그런 마음은 조금도 들지 않습니다. 강자와 약자가 대치하는 상태에 과연 도덕이라는 것이 있을까요? 참된 도덕이라는 건 있을 수·없습니다.

그 도덕이라는 것은 언제나 강자에게 유리할 대로 다듬어지는 법입니다. 다시 말해서 강자는 자기 행동의 자유를 옹호하면서 약자에게 복종을 가르칩니다. 이것을 약자의 입장에서 말하자면 강자에 대한 굴종의 약속이 이른바 도덕인 것입니다. 반대로 분이치를 보면 저는 그 야무지지 못한 여자인 어머니가 이 남자, 저 남자를 찾아서 돌아다닌 것도 있을 수 없는 일이라고는 생각지 않습니다. 저는 분이치와 어머니를 원망하지 않습니다. 하지만 온갖 고생을 하며 오랜 세월 살아왔던 것만은 사실입니다. 이 저주를 어떻게 하려 했는가 하면 자연을 저주하고, 사회를 저주하고, 생물을 저주해서 저는 모든 것을 파괴하고 죽을 생각이었습니다. 제가 친족 관계를 중심으로 허무적 사상을 품게 된 일단은 지금까지 말씀드린 대로입니다.

VII. 후미코 씨의 천황관

1. 천황제 타도가 부부의 약속

1924년 5월 14일, 이치가야 형무소에서 작성된 제12회 심문조서는 후미코 씨의 천황제에 관한 관점을, 훌륭한 이론과 실감으로 뒷받침하며 전개시킨 것이다.

문 : 피고는 폭탄투척의 목표를 언제나 천황 폐하와 황태자 전하에게 두고, 위해를 가할 계획을 세웠다고 했는데, 그것은 박열과 동거하게 되었기에 그런 마음을 품게 된 것인가?

답 : 그렇지 않습니다. 저는 박열에게 동화되거나, 뇌동해서 천황과 황태자를 쓰러뜨려야겠다는 생각을 품게 된 것이 아닙니다. 제 스스로가 천황은 필요 없는 것, 있어서는 안 될 것이라 생각하고 있었습니다. 그런 저의 생각이 박열과 일치했기에 부부가 된 것인데, 저희가 함께 사는 조건 가운데에는 그런 생각을 공동으로 실행하자는 동지적 결합이 약속되어 있었던 것입니다.

문 : 그렇다면 피고는 천황제에 대해서 어떤 식으로 생각하고 있단 말인가? 자세히 들려줬으면 하는데.

2. 인간의 평등성을 유린한 천황제

답 : 저는 예전부터 인간의 평등에 대해서 생각해 왔습니다. 인간은 인간으로서 평등해야만 합니다. 인간의 평등 앞에는 어리석음도 없고 영리함도 없으며, 강자도 없고 약자도 없고, 지상의 자연적 존재인 인간만이 있을 뿐입니다. 그런 인간의 가치는 완전히 평등한 것으로, 모든 인간이 인간이라는 단 하나의 자격에 의해서 인간의 인간다운 생활의 권리를 완전히, 그리고 평등하게 향유해야 합니다. 구체적으로 말하자면, 인간에 의해서 행해진 일, 행해지고 있는 일, 또 행해질 인간적 행동은 전부 완전히 인간이라는 기초 위에 선 행위입니다. 자연적 존재라는 기초 위에 선 인간의 지상 위에서의 인간적 행동은 모두 인간이라는 단 한 가지 자격에 의해서 똑같이 평등하게 승인되어야 할 것입니다. 그런데 이 자연적인 인간적 행위를 인위적인 법률로, 얼마나 심하게 왜곡하고 부정하는지를 생각해보십시오. 원래는 평등해야 할 인간이 현실 사회에서는 천황이라는 것 때문에 불평등화 되어 있다는 사실을 저는 저주합니다. 저 역시 2, 3년 전까지만 해도 이른바 고귀한 사람이라는 천황은 저희 같은 평민과는 다른 모습이나 성질을 갖춘 특수한 사람이라도 되는 양 생각하고 있었습니다. 하지만 신문 등의 사진에서 본 고귀한 천황은 저희 평민들과 다른 인간이 아니

었습니다. 눈이 두 개, 입이 하나, 걷기 위한 다리도 있고, 일하기 위한 손도 있으면서 그 다리로 걷지 않고 그 손으로 일하지 않는 사회적인 차이가 있을 뿐입니다. 그럼에도 불구하고 천황이나 황실이라고 하면 거기에는 범할 수 없는 고귀한 어떤 것의 존재를 직감적으로 떠오르게 하는 생각이 일반 민중의 마음속에 심겨져 있는 것입니다. 바꿔 말하자면 일본의 국가나 군주는 그러한 민중의 생각 위에 군림해 있는 것으로, 민중의 입장에서 말하자면 천황은 단지 짐에 불과합니다. 천황이나 황실 자신도 변하기 쉬운 민중의 마음 위에 올라서 있는 것은 위험한 일 아닙니까? 그보다는 인간으로서의 평등감으로 내려와, 천황이라며 자연적으로 평등한 인간을 인위적으로 불평등한 것으로 만드는 짓은 하지 않는 편이 좋을 것이라 생각합니다. 이것이 저의 인간적 평등관에 의한 천황제 부정의 논거입니다.

3. 황당무계한 천황제의 존엄

애초부터 국가·사회네, 민족이네, 또 군주네 하는 생각은 하나의 개념에 지나지 않습니다. 그런데 그 개념 가운데 가장 좋지 않은 것이 군주라는 개념입니다. 그 군주에게 존엄과 권력과 신성을 부여하기 위해서 날조된 것이 일본에서 현재 행해지고 있는 천황제입니다. 천황제에 금박을 입히기 위해서 군권신수설(君權神授說)이라는 것이 있다는 사실은 판사님께서도 알고 계실 것입니다. 일본에서 태어난 자는 소학교에서부터 이 관념을 주입받습니다. 천황은 신의 자손이라는 둥, 군권은 신의 명령에 의해 주어진 것이라는 둥, 천황은 신의 뜻을 실현하기 위해서 국권을 쥐고 있는 것이라는 둥. 따라서 국법은 곧 신의 뜻이라는 관념을 우직한 민중에게 심어주기 위해 가공적으로 전설을 날조해서 거울이네, 칼이네, 구슬이네 하는 것을 신이 천황에게 내린 것처럼 만들어내고, 짐짓 그럴 듯하게 예배를 바쳐 일반 민중을 완전히 기만하기에 황당무계한 전설에 현혹된 민중 가운데는 천황을 존귀한 신이라 여기고 있는 자도 있습니다만, 천황이 신이나 신의 자손이라면, 역대의 신들인 천황의 보호 아래에서 살고 있는 일본 민중은 전쟁 때에도 병사들이 죽지 않을 것입니다. 일본의 비행기도 떨어지지 않을 것입니다. 또 신의 발아래서 작년과 같은 대지진 때문에 몇 만이나 되는 충량한 신민들이 죽었을 리도 없었을 것입니다. 그런데 전쟁에 나간 일본의 병사들은 잘도 죽습니다. 비행기는 잘도 떨어집니다. 발아래에서 지진이 일어나 몇 만이나 되는 사람들이 참담하게 목숨을 잃어도 손 한번 쓰지 못하는 천황을 어떻게 신이라고 할 수 있겠습니까? 천황이 신이라고 하는 것은 군권신수설의 가정에 지나지 않습니다. 모든 전설은 공허한 꿈과도 같은 이야기입니다. 천황이 전지전능한 신의 현현이라면 신의 뜻을 행하는 천황이 지상에 있는데도 천황의 적자가 굶주림에 울부짖고, 탄광에서 질식하고, 기계에 껴서 참담하게 죽어가는 것은 어째서입니까? 그것은 천황은 신도 아니고 부처도 아니며, 결국 천황에게는 인민을 지킬 힘이 없기 때문입니다.

4. 천황제는 악마적 권력의 대표

천황의 정체는 일개 인간입니다. 저희 인민과 완전히 똑같은 자연적 존재입니다. 평등해야 할 존재입니다. 저는 천황이 저희와 동일한 인간으로 신이 아니라는 사실을 증명하기 위해서 폭탄으로 해치워 모든 인간이 죽는 것처럼 죽는 존재라는 사실을 보이려 했던 것입니다. 당신과 같은 관리들은 일본이 연면(連綿)하게 끊임없이 천황을 모셔왔다는 사실을 세계에서 유래를 찾아볼 수 없는 국체(國體)라는 둥, 이 나라에 태어난 것은 인간으로서 자랑스러운 일이라는 둥, 그런 국체를 발양(發揚)하기 위해서 노력하지 않으면 안 된다고 가르치기도 하고 재판을 하기도 합니다. 저도 그러한 내용을 배웠습니다. 그러나 천황의 혈통이 하나인지, 둘인지, 어디에서 온 것인지는 분명하게 알 수 없는 법입니다. 또한 가령 하나의 계통이라 할지라도, 한 계통의 통치자를 모시는 것이 그렇게 커다란 명예일까요? 피가 계속된다는 것이 무슨 자랑입니까? 저는 예전에 바다에 빠져 죽은, 안토쿠(安德) 천황이라는 가엾은 아이의 일을 기억하고 있습니다. 겨우 2살짜리 아기였습니다. 그 아이가 일본의 통치자로 존엄한 임무를 짊어졌다니, 이 얼마나 한심한 일입니까? 완전히 무능한 아기를 통치자의 자리에 올려놓는 것이 과연 인민의 자랑일까요? 만세일계(萬世一系)의 천황이라며, 비록 형식적이라 할지라도 통치권을 부여해왔다는 사실은 오히려 일본 토지에서 태어난 인간의 가장 커다란 치욕일 것입니다. 일본 민중의 무지를 증명하는 것 외에 아무것도 아니지 않습니까? 수많은 인민이 불에 타죽었다고 하는 작년의 대진재는 곧 천황도 일개 인간에 지나지 않는다는 사실을 증명함과 동시에 과거 민중들의 어리석음, 어리숙함을 비웃은 일이라고 할 수 있습니다. 저는 그런 천황을 하루라도 빨리 쓰러뜨리는 일이야말로 일본 민중의 명예라고 생각합니다.

5. 천황의 존엄은 노예의 승인

학교교육에서는 천황이라는 것의 존재에 대해서, 가장 먼저 '깃발(旗)'을 이야기해 국가적 관념을 심으려 노력하고 있습니다. 똑같이 인간이라는 기초 위에 서 있는데도,

우리 인민의 존재에 대해서 천황의 권력을 옹호하는 것을 하나의 표준으로 삼아 모든 선악을 구분하고 있습니다. 그리고 그 표준을 결정하는 것은 인간적인 법률이자, 도덕입니다. 그런데 법률이나 도덕은 사회의 우승자가 보다 잘 생활할 수 있는 길을 가르치고, 권력에의 복종만을 주장하는 것입니다. 법률을 쥔 경찰관은 군도를 들고 인간의 행동을 위협하며, 권력의 기초를 흔들 우려가 있는 자들을 남김없이 잡아들입니다. 또한 높은 자리에 있는 관리인 당신들 재판관은 법률서를 넘겨가며 인간으로서의 행동에 제멋대로 단정을 내려, 그들을 인간의 생활에서 격리시키고 인간으로서의 존재조차 부인해가며 하나같이 권력 옹호를 위한 임무에 임하고 있습니다.

기독교의 전성기에 그 존엄을 지키기 위해서, 그리고 신의 미신적인 기적이나 인습적인 전설이 흔들릴 것을 우려해서 과학적인 연구를 금지한 것과 마찬가지로, 국가의 존엄이나 천황의 신성이 한바탕의 꿈이자 단순한 착각에 지나지 않는다는 사실을 밝히려는 사상이나 언론에 대해 힘으로 이를 압박하고 있습니다. 그리고 자연적 존재인 모든 인간이 향유해야 할 본래의 생활을 억압하고 권력에 봉사해야 한다는 사명을 다하는 자에게만 그 생활이 허용됩니다. 지상은 지금, 권력이라는 악마에 의해 독점당한 지배하에서, 모든 민중이 유린당하고 있습니다. 그리고 지상의 평등한 인간 생활을 유린하고 있는 권력의 대표자가 바로 천황이자, 황태자입니다.

제가 지금까지 도련님을 노린 이유는 이러한 생각에서 출발하고 있습니다. 도련님이란 황태자를 말하는 겁니다. 기만당한 민중은, 지상의 자연스럽고 평등한 인간의 생활을 유린하고 있는 권력의 대표자인 천황·황태자에 대해서 과장스럽게도 '천황은 신성불가침한 존재'라며 최고의 지위를 부여하고, 그 밑에서 착취당하고 있습니다.

이에 저는 일반 민중에게 신성불가침한 권위로 인상 지어진 천황·황태자라는 것은, 공허하고 오히려 꼭두각시에 지나지 않는다는 사실을 명확히 설명하고 싶습니다. 또 천황·황태자는 소수 특권계급이 자신들의 배를 채우기 위한 재원으로써 일반 민중을 기만하기 위해 조정하고 있는 일개 꼭두각시 인형이자 참으로 어리석은 꼭두각시에 지나지 않습니다. 지금 착취당하고 있는 일반 민중에게 그런 천황의 정체를 밝히고, 그렇게 함으로 해서 천황에게 신격을 부여하고 있는 여러 인습적인 전설이 완전히 가공의 미신에 지나지 않는다는 사실을 알리고 싶습니다. 따라서 신의 나라라고까지 인식되고 있는 일본의 국가가 사실은 소수 특권계급의 사리를 채우기 위해 가설 된, 공허한 내용의 기관에 지나지 않는다는 사실, 그렇기 때문에 자신을 희생하고 국가를 위해 진력을 다하는 일본의 국민성이 찬미적으로 고취되고 있는 충군애국의 사상은 그들이 권리를 탐하기 위한 방편으로, 아름다운 형용사에 지나지 않는다는 사실, 자신의 이익을 위해서 타인의 목숨을 희생으로 삼는 하나의 잔인한 욕망에 지나지 않는다는 사실을 비판하지 않고 맹신적으로 천황제의 정체를 승인하는 것은 소수 특권계급의 노예임을 승인하는 것입니다.

6. 법률과 도덕은 강자의 무기

저는 천황을 쓰러뜨림으로 해서 그 모든 것을 일본 민중에게 경고하고 싶습니다. 그리고 일본 민중이 지금까지 오랜 세월 신조로 삼아온 유교의 애타적(愛他的) 도덕은 사실 민중의 마음을 풍미하고, 심지어는 그 행동까지도 제한해서 권력의 노예를 강요하는 기초관념이라는 사실을 분명히 자각시키고 싶습니다. 그렇게 해서 모든 법률과 도덕은 순전히 가정 위에 나타난 하나의 착각이자 공허한 환영에 지나지 않는다는 사실을 모든 인간에게 알리고, 그것으로 인간은 완전히 자신을 위해서 행동해야 한다, 우주의 창조자는 곧 자기 자신이다, 따라서 모든 것은 자신을 위해 존재하며, 모든 일은 자신을 위해서 해야 한다는 사실 등을 일본 민중에게 자각시키기 위해 도련님을 노린 것이라고 말하면, 천황의 관리인 당신들도 저희의 마음을 알 수 있겠지요. 저는 가까운 시일 안에 폭탄을 투척해서 지상에서의 제 삶까지도 끊으려 했던 것입니다. 제가 도련님을 노린 이유는, 지금까지 말씀드린 것 같은 외계(外界)에 대한 선전 방면, 즉 민중에 대한 우리의 계획과 저의 심경에 약간의 착색을 가해서 광명을 갖게 한 것입니다. 다시 말해서 그것은 저에 대한 생각을 외부로 연장시킨 것이고, 저 자신을 대상으로 하는 생각이 이번 계획의 근저입니다. 제 자신을 대상으로 한 생각, 즉 저의 이른바 허무적 사상에 대해서는 자세히 말씀드리지 않겠습니다만, 제 계획을 요약해서 말씀드리자면 소극적으로는 저의 일개 삶에 대한 부인이자, 적극적으로는 지상의 권력을 무너뜨리는 것이 궁극의 목적이고, 또 그 계획 자체의 진수입니다.

문 : 피고는 지금까지 진술한 천황관에 대해서 개심할 마음은 없는가?

답 : 저는 개심하지 않으면 안 될 일은 결단코 하지 않았습니다. 물론 저의 사상이나 행동 계획 때문에 피해를 입은 사람들의 입장에서 보자면 좋지 않은 일이라고도 할 수 있을 것입니다. 그러나 저 자신과 함께 저의 사상과 계획으로 인해서 이익을 얻는 사람들이 더 많습니다. 무릇 자신의 이

익을 위해서 계획하는 일은 결코 악이 아닙니다. 그것은 인간의 본성이자 삶의 조건입니다. 만약 자신을 위해 꾀하는 일이 악이라면, 그 책임은 인간 자신에게 있고 삶에 있습니다. 제게 있어서는 자신을 이롭게 하는 것이 곧 선이고, 저를 불리하게 하는 것이 곧 악입니다. 그러나 저는 선이라고 믿었기에 계획을 행해온 것이 아닙니다. 그렇게 하고 싶다는 본능적 욕구에 따라서 모든 일을 해온 것에 지나지 않습니다. 타인이 악이라며 아무리 부인해도 자신의 길을 굽힐 수 없는 것처럼, 관리가 선이라며 아무리 저를 부추겨도 제가 하고 싶지 않은 일은 하지 않습니다. 저는 앞으로도 하고 싶은 일을 해나갈 것입니다. 그 하고 싶은 일이 무엇인지를 지금부터 예정할 수는 없습니다. 그래도 어쨌든 제 생명이 지상에 있는 한, 지금이라는 시간에 가장 하고 싶은 일을 가장 능률적으로 해나갈 것입니다.

한 개인인 제가 하나의 폭탄으로 가장 많은 사람들에게 가장 강력한 충격을 주기 위해서 천황을 노렸다는 점은 가장 능률적이라는 사실을 기억해두시기 바랍니다.

Ⅷ. 후미코 씨를 이야기하다

여러분, 지금 막 소개를 받은 후세 다쓰지입니다.

여러분으로부터 엄숙한 애도를 받고 있는 후미코 씨에 대해서 조용히 이야기하여, 조선 건국 독립운동의 가장 어려운 시기에, 약소민족 해방운동이 가장 커다란 압박을 받고 있는 도중에 뜻을 이루지 못하고 스러진 후미코 씨의 추억을 되새기고 있는 여러분에게 후미코 씨의 뜻을 이루어달라고 청하고 싶습니다.

후미코 씨는 1905년, 달과 날짜는 분명하지 않지만 1년 중 가장 쓸쓸한, 그러나 가장 맑은 가을에 요코하마에서 태어난, 일본의 한 존귀한 여성입니다. 후미코 씨에게 이생에서의 삶을 준 아버지는 히로시마(廣島) 현 출신인 사에키 분이치라는 사람이었습니다. 그 무렵 스물대여섯 살. 후미코 씨를 낳은 어머니는 야마나시 현의 농촌 출신 여성으로 가네코 기쿠노라고 불렸으며 분이치 씨보다 한 살 어린 스물네다섯 살이었다고 합니다.

후미코 씨는 머리가 매우 비상하고 기억력이 좋은 분으로 4세 무렵까지의 일을 기억하고 있다며, 대역사건 예심의 취조 때 자서전적인 자신의 경력을 이야기했습니다. 그에 따르면 아버지 분이치 씨는 유서 깊고 상당히 좋은 가문에서 태어난 만큼 훌륭한 교육을 받은 사람인 듯 여겨집니다만, 사업에 실패한 결과 후미코 씨가 철이 들었을 4세 무렵에는 요코하마에서 경찰관을 하고 있었다고 합니다.

이런 아버지와 어머니 기쿠노 씨의 관계는, 분이치 씨가 광산업자로 어머니의 고향인 야마나시 현에 머물 무렵, 자유연애로 맺어진 부부라고 합니다. 그 부부생활을 요코하마로 나와서 했는데 참으로 가엾게도 자유연애로 맺어진 부친과 모친의 부부관계가 후미코 씨의 호적을 애매하게 만들었기에, 후미코 씨는 아홉 살이 될 때까지 이 세상에 적이 없는 사람으로 취급받았던 불행을 마음속 슬픔으로 호소했습니다. 후미코 씨의 불행하기 짝이 없는 파란만장한 생애를 만들어낸 것은 바로 무적자로 취급받았다는 그 사실에 원인이 있었다고 할 수 있습니다.

학령기에 달해서 학교에 들어가려 했으나 국가로부터 법률적으로 자신의 존재를 무시당했던 후미코 씨는 학교에 들어갈 수 없었습니다. 법률상의 부부 사이에서 태어난 아이가 아니라는 사생아의 처지가 사회적으로 경멸당해, 올바로 살아가려 함에도 불구하고 세상의 잘못된 전설과 거만한 자의 탄압하에 시달린 체험을 통해서, 올바른 사람이 약하기 때문에 시달리는 것에 대해 마음 깊은 곳에서 솟아오르는 분노를 표하셨습니다.

후미코 씨는 7살 때 이해력이 매우 뛰어나고 머리가 좋은 아이라는 사실을 인정받아 특수학교에 들어갈 수 있었다고 합니다. 그 특수학교에서의 성적은 다른 아이들과는 도저히 비교할 수도 없을 만큼 매우 뛰어났다고 합니다. 심상과 1년 때 고등과의 책을 읽고, 수학에서는 암산과 필산 모두 어른도 따라갈 수 없을 정도의 성적을 보였고, 그 외에도 머리가 아주 좋았기에 곧 정당한 학교에 갈 수 있게 되었습니다. 그 일반 학교에 들어가서도 재능의 현저한 발전을 인정받았음에도 불구하고 사생아라는 이유로 급장이 될 수는 없었습니다. 어떤 식이 행해질 때도 대표로는 선출되지 못했습니다. 심지어는 호적관계가 명백하지 않다는 이유로 수업의 증서조차 주지 않는다는 사실에 직면하여 이렇게 인간적으로 당당하게 존재하며 풍부한 재능을 발휘하고 있는데, 인위적인 법률과 제도 때문에 자신의 존재를 무시 · 학대당하다니 이는 제도의 결함이자 법률의 짓궂은 장난이라 하지 않을 수 없다고 말했습니다.

그 특수학교가 어떤 학교였는지, 이후 옮긴 일반학교가 어떤 학교였는지 그 이름을 밝히지 않았기에 후미코 씨의 당시를 직접 조사할 수 없다는 점은 매우 유감스러운 일입니다. 또한 그 사실을 여러분께 보고하지 못하는 점 죄송스럽게 생각합니다만, 어쨌든 후미코 씨는 학교 당시의 일을 떠올리며 앞서와 같은 내용을 글에 남겼습니다.

후미코 씨가 9살이 되었을 때, 아버지 분이치는 어머니 기쿠노 씨와 헤어지고 이모인 다카노 씨와 동거하게 되었으며, 기쿠노 씨는 다른 집으로 재가했다고 합니다. 아버지 분이치 씨가 4살 어린 동생 다카토시는 데려갔지만 후미코 씨는 이와시타라는 사람에게 맡기로 했기에 멀리 조선의 영강(英江)[27]으로 건너가 조선에서의 생활을 실천했고 16살까지 조선에서 학교교육과 인간수행의 고난을 받았다고 하는데, 이 후미코 씨의 조선에서의 생활이 훗날 박열 군과 사상을 함께하고 의기를 투합한 조선 민족에 대한 친밀감과 조선의 정치 · 경제생활에 관한 이해를 깊게 해주었음을 추측해볼 수 있으며, 그 일단을 후미코 씨는 여러 가지 것들 위에 나타냈음을 일선친화를 위해서 생각해주시기 바랍니다.

후미코 씨의 호적관계는 9살이 되던 해 조선의 이와시타가로 가게 되었을 때, 어머니 기쿠노 씨의 동생으로 가네코가에 입적하게 되었습니다. 이 한 가지 사실만 보아도 후미코 씨가 자신에게 사랑을 준 아버지는 없었다, 사랑을 준

---

27) 역시 부강의 잘못인 듯.

어머니는 없었다, 사랑을 준 가정은 없었다, 아버지도 어머니도 가정도 자녀를 사랑하고 자녀를 기르기 위해서 있어야 하는 것 아닌가? 그런데 자신의 아버지와 어머니와 가정은 자녀를 학대하고 자녀를 괴롭히기 위해서만 존재했다며 인간의 사랑을 의심하고 또 자신의 성장과정을 돌아보아, 진심에서 우러나는 올바르고 약한 자를 위한 눈물을 흘린 그 마음은 결코 후미코 씨의 감정적인 과장이 아니라는 사실을 알 수 있습니다. 저는 후미코 씨의 생애를 떠올릴 때면 참으로 동정해야 할, 또한 같은 입장에 있는 사람을 위해서 몸을 던져 싸우려 한 그 투쟁 정신을 스스로 격려하고 스스로 분발한, 인간적 고백임을 알기에 그 뜻을 반드시 이루어주고 싶습니다.

또 후미코 씨는 조선으로 건너가기 전에 어머니에 의해서 하마터면 화류계에 팔릴 뻔한 적도 있었습니다. 어린 마음에 꽃 비녀를 갖고 싶어 하는 그 기분을 이용하여 화류계의 어떤 사람이 후미코 씨를 데려가려 한 경위를 이야기했습니다. 그것도 후미코 씨의 어머니가 그 사람을 찾아가서 여러 가지로 이야기를 하고 있는 동안, 꽃 비녀는 갖고 싶지만 화류계는 싫다고 말하고 거기서 얼른 나와 집으로 돌아왔다고 하는 후미코 씨의 야무진 태도는 부인교풍회(婦人矯風會)의 해방운동을 미연에 몸소 실천한 선구자라고 해도 과언이 아니라고 여겨지는 존귀한 사적을 남긴 것입니다.

7년에 걸친 후미코 씨의 조선 생활 가운데는 피가 밴 것 같은 눈물로 소매를 적신 비참하고 고생스러운 애화도 있습니다. 그러나 그처럼 비참하고 고생스러운 처지, 학대받는 생활에 대해서 후미코 씨는 불평하거나 한탄하는 말은 하지 않았습니다. 단지 그 생활을 조용한 마음으로 바라보며 모든 고난을 참고 뜻을 이루겠다는 정갈하고 강한 기백을 스스로 길렀으니, 이는 참으로 특필해야 할 조선 생활이었다며 조선의 동포에게 감사의 마음을 전했습니다.

후미코 씨는 16살 되던 해 봄, 조선에서 야마나시 현으로 돌아왔습니다. 그때 어머니인 기쿠노 씨는 명주실 도매상과 재혼해서 상당히 행복한 생활을 하고 있었다고 하지만, 후미코 씨를 거둘 수는 없었던 모양이었습니다. 후미코 씨는 한동안 친척들의 집을 떠돌며 생활했는데 아버지인 분이치 씨는 후미코 씨가 몸과 마음 모두 건강하고 아름답게 누구보다 훌륭한 아가씨로 성장했다는 사실을 듣고 멀리 하마마쓰에서 찾아와 자신에게 유리할 대로 스님과 결혼할 것을 권했다고 합니다만, 후미코 씨는 그런 아버지의 태도를 보고 너무나도 이기적인 아버지의 태도, 다시 말해서 자식에 대한 소유권적인 아버지의 생각을 부정했으며, 그해에 상경한 것이 후미코 씨의 사상생활에 일대 전기를 부여한 것입니다.

상경 후 후미코 씨는 바로 학교생활을 시작했습니다. 큰 아버지인 구보타 씨는 실용적인 양재라도 하면 좋을 것이라고 권했지만, 아니, 자신은 어디까지고 학문을 해서 세상에 나서고 싶다며, 오전 중에는 세이소쿠 영어학교 남자부에, 오후에는 겐스 학관에, 오전과 오후로 나누어 곁눈질한번 하지 않고 공부를 했다고 적혀 있습니다.

그러나 애초부터 스스로 생활을 유지해나가야만 했던 경제관계에 있어서는, 몇 번인가 직업도 전전할 수밖에 없었지만 그 사이에도 학교생활은 계속했다고 합니다. 생활 유지를 위한 직업으로는 후루하타 신문보급소의 석간 팔이를 한 적도 있었습니다. 아사쿠사(淺草)의 설탕 도매상으로 인격 높은 신사라 불렸던 스즈키 쓰네사부로라는 사람의 집에 하녀로 들어간 적도 있었습니다. 사회주의자로 출판업자인, 호리 기요토시라는 사람의 인쇄소에 조판공으로 들어간 적도 있었습니다만, 이때 들어가 일을 하며 살았던 집 대부분에서, 어린 시절 자신을 괴롭혔던 것과 같은 아버지들의 난행 때문에 아내와 아이들이 눈물을 흘리는 참담한 가정의 비극을 보았기에 의분을 느껴 이들 약한 사람들을 돕기 위해 후루하타, 스즈키, 호리 등에게 여성의 입장에서 탄핵적인 항의를 제출했다가 그 직업을 빼앗겼다는 사적도 있습니다. 남을 위해서 자신을 돌아보지 않는 정의로운 여성으로 싸운 마음과 그 싸움의 일단은 이러한 곳에도 나타나 있습니다.

후미코 씨가 사회주의사상에 눈을 뜬 것은 1921년부터의 일로, 사카이 도시히코 씨의 저서와 사회주의 잡지, 그 가운데서도 특히 오스기 사카에 씨의 저서와 그 지도 등에 의해 계몽된 부분이 큽니다. 게다가 이러한 저술을 읽고 지도를 받을 때, 스스로의 체험과 실감에 의해서 이들 책을 잘 주석하고 그 지도를 잘 파악하여 매우 정확하게 소화시켜 나갔다는 사실을 알 수 있는데, 때로는 너무 깊이 들어가서 허무사상에 빠져들게도 됩니다.

마지막으로 구한 직업은 1922년 3월, 당시 사회주의 어묵집으로 유명했던 곳이라는 사실을 기억하고 있는 분도 계시리라 여겨집니다만, 그 스키야바시(數寄屋橋) 가드 아래의 이와사키(岩崎) 어묵집에 일을 하러 다닐 때, 거기에 출입하는 박열 군과 서로 알게 되었고 사상적인 의견의 교환 등에 공명을 느꼈으며 서로 마음이 통했기에 동거생활을 시작하게 되었다고 하는데, 그 점에 대해서도 후미코 씨는 예심판사에게 여러 가지로 심문을 받았으나,

"제가 박열과 동거하게 된 것은 박열이 조선인임을 존경

했기 때문이 아닙니다. 또한 동정했기 때문도 아닙니다. 박열 씨는 조선인이고 저는 일본인이라는 국적을 완전히 초월한 동지애와 성애가 일치했기 때문입니다."

라고 말했습니다. 이러한 대답을 할 때도 조선인이기 때문에 동정했다는 등의 말을 먼저 하는 것이 아니라, 조선인임을 존경했기 때문이 아니라고 먼저 말했다는 점에 후미코 씨의 극진한 배려가 담겨 있음을 생각해주시기 바랍니다.

훗날 공판 투쟁을 벌일 때, 박열 군은 '자신이 법정에 선 것은 피고로 선 것이 아니다. 조선을 강탈한 일본 천황을 탄핵하기 위해서, 일본 천황의 이름으로 선 재판관에 대해 조선 민족을 대표해서 탄핵하기 위해서 법정에 선 것'이라는 법정 선언을 했는데, 그 법정 선언으로 「일본의 권력계급에게 줌」이라는 글을 낭독할 때, 떨어지는 땀을 옆에서 닦아주고, 목이 마를까 걱정되어 물을 따라주고, 옷깃이 벌어지면 옷깃을 여며주고, 옷의 목깃을 바로잡아주는 등 극진한 아내다운 내조의 모습을 직접 보고 참된 부부애의 표현, 그것이야말로 진심으로 국적을 초월한 동지애와 성애가 일치한 부부애라고 한 후미코 씨의 고백의 진실을 저는 진심으로 승인할 수 있었습니다.

후미코 씨가 박열 군과 결혼한 후의 경력, 즉 박열 군과 함께 불령사를 설립한 일, 『후토이센진』이라는 잡지를 발행하는 데 수고를 아끼지 않은 일, 대역사건 결행을 위해서 폭탄 입수에 분주했던 일, 이러한 것들은 물론 말할 필요도 없는 사실이지만, 그 상세한 내용은 박열 군에 관한 책에 자세히 썼으니 그것으로 양해를 해주시기 바랍니다.

후미코 씨는 1926년 3월 25일, 그러니까 24년 전 오늘, 박열 군과 함께 대심원의 특별법정에서 사형을 선고받았으며, 4월 5일에 무기징역이 되었고, 우쓰노미야(宇都宮) 형무소의 도치기 여수지소(女囚支所)에 수감되었습니다. 그 해 7월 23일에 스스로 목을 매단 일은, 제가 작년 겨울, 박열 군의 생환을 기뻐하는 환영회 때 보고했으니 여기서 되풀이하지는 않겠습니다만, 당시 젊디젊은 22세였던 후미코 씨는 참으로 아름답고, 깨끗하고, 장렬한 자살을 이루어 이 세상에서의 생을 마감했습니다.

여기서 저는 후미코 씨의 인간됨에 대해서, 기록에 나타난 후미코 씨의 성격과 제가 본 후미코 씨의 성격의 일단을 이야기하여 추도의 말을 대신하기로 하겠습니다. 후루하타 신문점의 주인은 이렇게 말했습니다.

"참으로 명랑하고 눈치가 빠른 여성으로, 밤 1시까지 공부를 계속하는 보기 드문 사람이었다."

고 말했습니다. 뒤이어 스즈키 쓰네사부로라는 사람의 장남인 겐이치로(賢一郎)는 법정에 나와서 후미코 씨라는 사

람은 어떤 사람인가 질문을 받자,

"매우 똑 부러진 말을 쓰는 사람으로 성실하게 일을 했습니다. 그래서 집안사람들로부터 크게 사랑받았습니다. 당시 월급은 5엔 정도밖에 주지 않았는데 돈에 대해서는 조금도 연연하지 않는 성질이었습니다. 그러나 불의, 부정을 싫어하는 마음은 상당히 강한 사람으로 아버지 쓰네사부로에게까지 거침없이 충고하는 듯한 말을 한 적도 있었던 모양입니다."

라고 말했습니다.

사회주의자로 인쇄업자인 호리 기요토시라는 사람 역시 증인으로 불려와서,

"일을 아주 잘하는 여자로, 업무를 금방 외워서 능률적으로 일을 해주었기에 커다란 도움이 된 사람이었습니다만, 사라져버리고 말았습니다."

라고 말했습니다.

어묵집의 주인인 이와사키 젠에몬(岩崎善右衛門) 씨는 거의 격찬을 하듯,

"아주 빼어난 여성으로 도움도 되고 상냥하기도 했습니다. 씩씩하고 명랑해서 후미코 씨가 있으면 가게가 밝아졌습니다."

라고 말했습니다.

이처럼 여러 가지로 항의를 받기도 하고 탄핵을 받기도 한 사람들이 봐도 명랑하고 성실했던 후미코 씨의 인간됨을 엿볼 수 있습니다. 저희 집에도 온 적이 있었는데 정말 명랑하고 어두운 구석이라고는 조금도 없는 사람으로, 용건은 극히 간명하게 이야기하고, 금전 문제에 대해서도 '물론 있으면 좋기는 하다. 하지만 없는 건 어쩔 수 없다.'는 식으로 매우 야무진 사람이었습니다. 그랬기에 예심판사로부터 박열 군과 후미코 씨가 동거했던 시절, '너희는 어떻게 생계를 꾸렸는가?'라는 질문을 받았을 때,

"잡지의 경영으로, 광고를 따러 다니는 건 하기 싫은 일이었습니다. 물론 동정해주는 분들께 얼마간 떼를 쓰기도 했습니다만."

이런 식이어서 참으로 직절간명(直截簡明), 아무것도 숨기는 것이 없는 시원시원한 사람이었다는 사실을 엿볼 수 있습니다.

저는 이 자리에서 그 모든 것을 소개할 수 없다는 점을 유감으로 생각하고 있습니다만, 후미코 씨의 사상 생장, 후미코 씨가 몸을 바쳐 천황제 타도를 위해 박열 군과 그 결행을 함께 하려 했던 천황관은 참으로 훌륭한 것이었습니다. 이는 책 속에도 편집해두었고, 머지않아 다른 잡지에도 소개되리라 여겨지니 내용은 되풀이하지 않겠으나, 이러한

일들을 통해서 본 후미코 씨가 얼마나 훌륭한 천성을 지녔으며, 또 그 천성이 얼마나 뛰어나고 풍부한 사람이었는지는, 얼마나 씩씩하고 열렬한 실행력을 가진 기백으로 불타올랐던 사람이었는지는, 그리고 머리의 명석함은 어떤 독자라도 인정해주시리라 믿습니다.

한 가지 떠오르는 일이 있습니다. 대역사건의 수명판사(受命判事)인 이타쿠라 마쓰타로(板倉松太郎)라는 사람이 후미코 씨에게 사상관계를 끈질기게 묻자, "귀하는 말해도 모를 듯하니 글로 써서 보여드리겠습니다."라며 단 20분쯤 만에 10매 정도로 정리한 사상을 써서 보여줬다고 합니다. 이타쿠라 판사가 나중에 그 일을 제게 들려주었습니다. "아주 빼어난 달필이었다는 점과 빠르게 사상을 정리해나가는 모습에는 정말 놀랐다."고 말했는데, 이야말로 진짜 천재가 아닐까 여겨지는 사람이었습니다. 주어진 문제를 과학적으로 분석하는 날카로움에 이르러서는 실로 놀라운 면이 있다는 사실은 후미코 씨가 남긴 시를 읽어봐도 잘 알 수 있는 일입니다. 진정(眞情)이 담긴, 동시에 시의 진수와 함께 능란함을 맛볼 수 있다는 사실을 인정할 수밖에 없으리라 여겨집니다.

이렇게 참으로 훌륭한 일본 여성으로서의 후미코 씨는 단지 일본의 여성으로서만이 아닙니다. 세계 인류 가운데서도 부끄러울 것 없는 훌륭한 여성이었다는 사실을 저는 칭찬하고 싶습니다. 그런 후미코 씨가 어떻게 자랐는지 그 성장과정에 대한 기록을 보면, 평범한 사람, 혹은 아주 뛰어난 사람이라 할지라도 사랑이 없는 아버지, 사랑이 없는 어머니, 사랑이 없는 가정의 불량하고 좋지 않은 환경에 놓이면 그러한 환경에 놓이는 사람 전부 양심이 어둠에 갇히고 재능은 생활고에 닳아버리고, 또 인간의 절조와 여성의 정조도 유린당하고 마는 것이 이른바 천재의 박명으로 탄식을 받게 되는 것이라 여겨지지만 후미코 씨는 사랑이 없는 아버지, 사랑이 없는 어머니, 사랑이 없는 가정이라는 좋지 않은 조건 속에서 자랐으나 그 모든 것과 싸워 이겨 끝까지 인간적인 절조를 지켰고, 여성으로서의 정조를 순수하게 지켰으며, 박열 군과 조선에 그 몸과 마음을 모두 바쳐 깨끗하고 아름답게 옥사했고, 뼈를 조선의 땅에 묻고 적을 박열 군의 집안에 두어 참으로 국경을 초월해서 일조(日朝)를 한 몸으로 묶었으니, 그 진정의 존귀함에 저는 추도(追悼)의 뜻을 표하고 싶습니다.

후미코 씨가 죽음을 각오한 노래, 생활의 고난을 읊은 노래, 제게 보낸 마지막 편지, 이것들의 낭독을 아야코(綾子) 씨에게 청하며 후미코 씨의 경력, 생애를 추모하는 저의 추도의 감개를 여러분의 가슴에 살리고, 뜻을 이루지 못한 채

스러진 후미코 씨의 남겨진 뜻을 여러분의 가슴에 살려, 여러분께 찾아온 기꺼운 이 시국 전환과 조선독립건국 과정에서 그 뜻을 이루어주시기를 바라며, 후미코 씨에 대한 저의 말을 마치기로 하겠습니다.

저의 추억 속에 가장 강렬하게 그 이채로운 인상을 남기고 있는 여성 투사는 대역사건에서 박열 씨와 함께 사형을 선고받았던 가네코 후미코 씨입니다.

제가 후미코 씨를 알게 된 것은 1922년 말쯤이었다고 생각합니다. 전부터 알고 지내던 박열 씨의 아내라며 방문을 받았을 때는 매우 활달한 여성이라는 인상을 받았습니다. 자신들의 운동과 생활 상태를 숨김없이 이야기하고 그에 대한 비판과 함께 원조를 청한 태도의 시원시원한 인상이 지금까지도 잊을 수 없는 추억으로 남아 있습니다.

박열 씨와 저와의 관계는, 그 후 박열 씨가 대역사건의 피고로 취조를 받은 사건에서도 이어집니다. 「불령선인이 일본의 권력자 계급에게 줌」이라는 논문을 보면 인정할 수 있는 것처럼 일본의 권력계급을 직접적으로 대표한 자본가·지주의 마수 그 자체를 쥔 경찰관헌이 박열 씨에게 가한 박해를 끝까지 공격하여 역습을 가한 연설회에 의해서 맺어져 있었습니다. 조금 더 자세히 말하자면 박열 씨 등의 반대 입장에 서 있던 류(柳) 모 씨의 도미 송별회를 불령사의 한 무리가 역습했다며 니시칸다(西神田) 경찰서에 검속되었고, 뒤이어 언도된 구류로 아직 정식재판 신청기간이 끝나기도 전에 형무소로 보내버린 결과 경찰에서는 쉽사리 변호사의 면회도 허락하지 않았고, 따라서 정식재판 신청도 저지하고 있었는데, 형무소에서 박열 씨의 유명하고도 귀중한 장발을 즉결구류형 집행을 위해 자르려 한 것에 대한 의견이 분분했고 제게 전보를 보내왔기에 면회가 가능했으며, 정식재판 신청도 가능해져서 결국 공판에서 무죄가 된 사건의 변호와, 그 무죄를 경찰관헌의 규탄으로까지 역습한 인권유린관헌 규탄 연설회가 간다 미사키초(三崎町)의 조선 기독교 청년회관에서 열린 일련의 교섭과 협력이 저와 박열 씨를 매우 친밀하게 해주었습니다. 저의 그러한 관계와 그 후의 사건과 최근 조선의 조카를 통해서 제게 보내오고 있는 편지 등에 의해서 제가 본 박열 씨와, 제가 앞서 이야기한 첫 방문 때의 후미코 씨 및 역시 그 후의 교섭과 사건을 통해서 알게 된 후미코 씨와는, 매우 끈끈하고 끈끈하게 연결시켜주는 것이 있었음에 일종의 신기한 감정을 느낄 정도입니다.

대역사건의 법정에 나란히 선 박열 부부를 당시의 신문은 아주 잘 어울리는 부부 피고라고 썼으며, 또 박열 씨가 목숨을 걸고 일본 권력계급을 저주하는 진술을 할 때, 그에게 마음을 쓴 후미코 씨가 물을 따라주기도 하고 옷이 헝클어진 것을 펴주기도 한 내조의 모습을 조롱하는 식으로 쓴 것도 있으나, 두 사람의 성격이 아주 잘 맞는다는 사실을 알고 있는 저는, 장소나 타인의 시선 따위 두려워하지 않는 부부애의 표현이라고 생각했습니다. 그러한 두 사람의 법정 사진이 아직도 남아 있을 테지만, 후에 괴사진사건이라며 떠들어댄 문제의 사진도 두 사람의 화목함을 나타내는 것이라고 생각합니다.

또한 저는 여기서 두 사람을 위해 말해두겠는데, 그 괴사진사건에 대해서 음란한 억측을 한 사람도 있었으나 그것은 단지 오해에 지나지 않습니다. 박열 씨가 의자에 앉아 있고, 후미코 씨가 그 뒤에 서서 어깨에 살짝 손을 놓은 것으로 절대 음란한 상상을 일으킬 만한 것이 아닙니다. 그것을 좋지 않은 마음을 품은 음란한 자가 일부러 애매하게 만들어 무릎에 안고 있는 것처럼 떠들어댄 것입니다. 따라서 후미코 씨의 자살 원인이, 뒤에서 자세히 말하겠지만, 어떤 자가 퍼뜨린 임신 때문이라는 것은 그보다 더한 기만도 없을 정도의 유언비어임을 단언해두겠습니다.

여성 투사로서의 탄압에 최고의 기록을 남기는 것은, 역시 죄명은 대역죄이고, 판결은 사형이고, 거기에 사건의 내용이 탄압이라는 이름에 걸맞은 것이라면, 앞서 제가 추억을 이야기한 이토 노에(伊藤野枝) 씨의 학살도 역시, 파쇼의 싹이 튼 진재의 소란을 틈탄 반동 탄압으로 최고의 기록을 남긴 것이기는 하지만 국가기구의 이름으로 행한 탄압으로는 후미코 씨의 경우가 올바른 기록을 남기는 것이라고 생각합니다.

그와 같은 후미코 씨에 대한 탄압은 어떻게 해서 시작된 것일까? 저는 그녀의 수기인 『무엇이 나를 이렇게 만들었는가』의 유서 속에서 관헌 탄압의 고투기를 발췌하고 싶지만 그렇게 하면 너무 길어지기 때문에 대역사건의 첫걸음을, 다시 말해서 사형의 첫걸음을, 보다 정확히 말하자면 1926년 7월 23일 오전 6시 40분경(그녀의 수기 『무엇이 나를 이렇게 만들었는가』의 서문인 구리하라 가즈오 씨의 「잊을 수 없는 얼굴」 중에는 7월 26일이라고 되어 있으나, 내게 지금도 남아 있는 검안서에는 분명히 7월 23일로 기록되어 있으며, 또 내 기억을 더듬어봐도 그쪽이 정확한 듯하다) 도치기 형무소에서 목을 매달아 죽은 첫걸음을 내딛었을 때부터의 일을 적기로 하겠습니다.

후미코 씨는 수기의 첫 부분에서 '1923년 9월 1일 오전 11시 58분, 갑자기 제국의 수도 도쿄를 이고 있던 관동지방이 대지의 밑바닥에서부터 격동하기 시작했다. 집은 우지

직우지직 소리를 내며 일그러지고 쓰러지고, 사람들은 그 집 아래에 생매장 당했으며, 간신히 벗어난 사람들도 미친 개처럼 울부짖으며 돌아다녀 한순간에 문명의 낙원은 아비규환의 거리로 화하고 말았다.

끊임없이 여진이, 격진이 찾아왔다. 커다란 화산의 분연과 같은 뭉게구름이 뭉게뭉게 하늘을 향해 소용돌이치며 올라갔다. 그리고 제도(帝都)는 마침내 사방에서 일어난 대화재로 인해 검은 연기에 갇혀버리고 말았다.

격동, 불안, 그리고 마침내 그 한심스럽기 짝이 없는 유언과 소요다. 그로부터 얼마 지나지 않아서였다.'

이렇게 해서 박열, 가네코 부부 가운데 박열 씨는 살아 있으면서도 실제로는 지바 형무소에서 죽음의 길을 더듬는 무기도형(無期徒刑)이라는 학대에, 후미코 씨는 지금은 조선 경북 상신군 화북면 장암리 박가의 선산에 묻히기까지의 첫걸음을 제게 들려준 것은 같은 날 저녁, 이헌(李憲) 씨의 내방이었습니다. 제가 그 전에 박열 씨를 마지막으로 만난 것은 이른바 『불령선인』의 발행이 금지되어 『후토이센진』이 되기도 하고, 출판법 문제와 그 외의 무슨 계획이었는지는 잊었으나 어쨌든 어떤 문제로 대중투쟁을 일으켰다는 용건으로, 진재 이튿날에 저를 찾아왔을 때였습니다. 그러나 그때는 대역사건을 꾀하고 있는 것 같은 기색은 조금도 보이지 않았고, 또 실제로 당초의 검거는 치안경찰법 위반으로, 아무리 무거워도 1년의 형기는 넘지 않는 사건이었습니다. 그것이 어떻게 해서 대역사건이라는 최고기록의 탄압 사형을 언도받게 되었을까? 거기에는 박열ㆍ가네코 부부의 감상적인 성격과 사상이 관계되어 있는 듯 여겨집니다.

박열ㆍ가네코 부부가 대진재의 혼란한 와중에 검거된 것은 '불령사' 동인 15명에 대한 이른바 치안경찰법 위반사건의 면소결정을 보면 잘 알 수 있습니다. 그런데 불령사의 이른바 불령사상이라는 것과 대역죄 사이에는 한 줄기 통하는 부분이 있었습니다. 바로 그렇기 때문에 박열ㆍ가네코 부부는 대역죄로 사형판결을 받았으며, 1등 감형의 무기로 특사를 받기는 했으나 후미코 씨는 스스로 목을 매어 죽고, 박열 씨는 지금도 지바 형무소에 갇혀 있는 것입니다. 그렇다면 전혀 관계가 없을 것 같은 치안경찰법 위반이 대역사건으로 발전한 것은 어째서일까? 거기에는 애초부터 그럴 만한 이유가 있어야 하는데, 저는 그 이유를 우선 단적으로 꼭 집어서 박열ㆍ가네코 부부의 사상이 그렇게 만든 것이라고 말했습니다. 그 동안의 사정을 잘 알고 있는 제가 적을 미워하며 말하자면 함정에 빠진 것이며, 본인들을 애석히 여기며 말하자면 쓸데없는 행동을 한 것이라고 말하고 싶습니다. 어쨌든 너무 자세한 내용을 쓰지는 않겠으나, 문제될 것이 없는 점에 대해서만 이야기하자면 후미코 씨는 정치사회 문제에 대한 피고의 사상은, 이라는 예심 판사의 심문에 대해서,

"한마디로 말하자면 저의 사상은 허무주의입니다."라고 대답했습니다. 그리고 박열의 사상은, 이라는 질문에는 "박의 사상도 저의 사상과 같습니다."라고 대답했습니다.

또한 '불령사'의 조직에 대해서 불령한 무리들의 모임이라는 사실을 강조하고, 불령한 무리란 "권력에 대해서 반역하는 허무주의나 무정부주의를 품은 자다."라고까지 당당하게 말했습니다. 그렇기에 이른바 '불령사'에 치안경찰법 위반인 비밀결사죄를 적용하려 해도 결사로 성립되지 않았던 것입니다.

그것은 설령 같은 사상을 가진 자가 몇 명 모여 있든 허무주의를 신봉하는 자들 사이에 결사는 성립되지 않는다, 조금 더 자세히 말하자면 자주적으로 행동을 함께하는 일은 있어도 이른바 그 행동을 서로 연결시키는 조직은 가지고 있지 않았던 관계로, 치안경찰법 위반 혐의를 걸었으나 '불령사'의 비밀결사죄는 면소되고 만 것입니다. 그러나 그런 만큼 '불령사'의 두목으로서 그 행동을 함께 하겠다는 열의를 서로 고양시켜온 박열·가네코 부부의 공술은 마침

내 그 권력에 대해서 반역하겠다는 허무주의의 불령사상을 가장 커다란 권력으로까지 고양시킴과 동시에 가장 철저한 허무주의의 실행을 강하게 주장하여 커다란 권력과 철저한 허무의 대조를 논리적으로도 실행적으로도 크게 강조한 바, 전혀 관계가 없을 것 같은 치안경찰법 위반을 대역죄로까지 끌어올린 것이라고 생각합니다.

이 이상 박열·가네코 부부의 사건이 치안경찰법 위반에서 대역사건으로까지 발전된 사실관계에 대해서는 이야기하지 않겠지만, 후미코 씨가 이른바 권력이라고 하면 그 커다란 권력을 최고로까지 가져가고, 허무주의라고 하면 참으로 철저한 곳까지 가져가는 성격을 가진 사람이었다는 사실의 일단을 다른 방면을 통해서 누구나 납득할 수 있으리라 여겨지는 사실을 들어 이야기해보겠습니다.

저는 그 일례로 후미코 씨를 위해서 반드시 말해두고 싶은 것이 있습니다. 그것은 후미코 씨의 생활환경, 그 『무엇이 나를 이렇게 만들었는가』에서 자세하게 이야기한 것처럼 그것은 참으로 잔혹한 아버지와 숙부의 가시 돋친 매에 쫓겨다닌 것과 다를 바 없는 일로, 한없이 불행한 운명의 극치였으나 배움의 기회를 얻지 못했으면서도 잘 배웠고, 키워주는 사람이 없었지만 잘 자란 생활 고투의 체력과 문필활동의 학력은 이를 아는 모든 사람에게 놀라움을 금치 못하게 만드는 것이자, 그것이 22세를 일기로 인생의 막을 내린 여성이라고는 여겨지지 않을 정도로 훌륭한 투쟁의 실천과 문필의 역작을 남긴 것입니다. 그러나 그 점에 대해서 많은 사람들이 고투 가운데서 단련된 후미코 씨라고 평하는 것을 후미코 씨는 달가워하지 않았습니다. 후미코 씨는 자신이 실제로 가지고 있는 건강한 체력과 역작의 학력은 환경과의 고투 과정에서 기른 것이라는 말은 결코 듣고 싶지 않다고 말했습니다. 그것은 어떤 이유에서냐고 물었더니 후미코 씨는 이렇게 말했습니다.

"저는 그 참담한 생활 고투 속에서 제가 천성적으로 타고난 커다란 건강을 얼마나 잃었는지 모릅니다. 또 운 좋게도 타고난 천성적인 재능을 얼마나 빼앗겼는지 모릅니다. 그 와중에도 아직 잃지 않고 남아 있는 건강과 빼앗기지 않은 재능이 지금 실제로 가지고 있는 건강과 재능인 것입니다."

즉 이를 반어적으로 말하자면 자신의 생활환경이 조금 더 양호해서 가지고 태어난 만큼의 건강을 조금도 잃지 않고 키워나갔다면, 또 자신이 부여받은 재능을 조금도 빼앗기지 않고 그대로 성장시켜 나갔다면 얼마나 빛나는 건강과 눈부실 정도의 재능을 함께 갖춘 사람으로 성장을 자랑할 수 있었겠는가 하는 의미의 말을 제게 들려준 것이었습니다.

그러나 그것은 결코 후미코 씨가 자신만에 대해서 타고
난 건강과 부여받은 재능이 양호한 환경 속에서 자라는 자
부심을 꿈꾸며 그렇게 말한 것이 아니라, 모든 인간의 자부
심을 위해서 그 주어진 건강과 가지고 태어난 풍부한 재능
을 키워나가는 이상사회의 인생에 대해서 말한 것이라고
생각합니다.

　한편 이와 관련해서 이른바 허무주의의 긍정과 부정, 부
정과 긍정, 그리고 적극적 부정과 적극적 긍정이라는 인간
생사 문제와 허무주의의 관계에 대해서, 자신이 타고난 건
강과 재능에도 언급한 적이 있었으나 그것은 이야기하지
않기로 하고, 후미코 씨는 참으로 훌륭한 재능을 가진 사람
이었으며 뛰어난 체력을 가진 사람으로, 때로는 놀라울 정
도의 활동력을 보여주어 성격이 평범한 사람으로서는 얼핏
상상할 수 없는 곳까지 어떤 일을 발전시킬 가능성을 가지
고 있었습니다. 그녀가 『무엇이 나를 이렇게 만들었는가』
라는 자서전을 쓸 때의 상태에 대해서 감정인인 스기타 박
사가 감시인이 보고 들은 이야기를 인용한 부분을 살펴보
면, '밤낮으로 시간만 나면 펜을 쥐어 자서전과 그 외의 글
을 원고지에 적었는데 거의 휴식을 취하지도 않고, 또는 운
동도 하지 않고 오전에는 이른 아침부터 밤에는 감시인이
잠을 재촉할 때까지 펜을 쥐었기에 그 손가락 끝에는 굳은

살이 박혔고 묻은 잉크는 씻어도 지워지지 않았다. 감시인 조차 잘도 버틴다며 경탄했다고 한다. 그러나 그것은 의지가 강해져 피로감을 잊은 것이지, 반드시 공부를 위해서라고는 할 수 없다.'고 하니 놀라지 않을 수 없습니다. '또한 그 생각하는 바를 발표하고 싶다는 충동을 느끼자마자 펜을 잡으면 풍부하고 경쾌하고 신속하게 사상이 솟아올랐다. 그런데 거기에 응해서 펜을 움직이는 손놀림 또한 매우 빨랐기에 순식간에 수집 장의 원고지를 채워나갔다. 그러면서도 자신은 커다란 피로를 느끼지 않았다.'라고 적혀 있습니다. 물론 스기타 박사는 이러한 후미코 씨의 능력에 대해서 그것은 일종의 작업열이라고 말했으나, 저희 평범한 사람들이 보기에 후미코 씨는 예로부터 흔히 들을 수 있는 명인이나 천재의 특징을 가장 강하고 날카롭게 가진 사람이었던 듯 여겨집니다.

그 일례로 제가 실제 놀랐던 일을 들어보자면, 공판 전의 준비로 이타쿠라 수명판사가 이치가야 형무소에서 후미코 씨를 앞에 두고 이타쿠라 수명판사 특유의 중국철학으로 사상투쟁을 벌이려 하자 후미코 씨가,

"당신은 아직 저희의 사상이 어떤 것인지 모르는 듯하니 우선은 저희의 사상이 어떤 것인지, 그 개념을 알려드린 뒤 이야기하겠습니다."라고 말하고 이타쿠라 수명판사에 대해

서 예비지식 입문용으로 써준 것이 있는데, 겨우 40분도 되지 않아서 23칸 13행, 약 1만 자 가까이 되는 글을 완성했다고 하니 놀라지 않을 수 없습니다.

게다가 그 글의 내용이 논리정연하고 허무주의의 일가를 형성하고 있다는 점에서 참으로 놀라운 재능을 가진 사람이었다고 추억하지 않을 수 없습니다. 다음에 문제가 되지 않을 만한 부분을 발췌해보겠습니다.

「나는 인간사회에서의 온갖 현상을 단지 소유욕, 즉 가지려고 하는 힘으로 설명하고 싶다. 또한 설명할 수 있다고 생각한다.

인간에게는 소유욕, 즉 가지려고 하는 욕구에 모든 것이 걸려 있다. 그렇다, 선한 것도 악한 것도 모두가. 그렇기에 예로부터 많은 사람들이 이 소유욕 문제에 대해서 고민해왔다.

그리스도는 그 소유욕의 전환을 꿈꿨으며, 노자는 그것을 부정함으로 해서 유토피아의 실현을 생각했다. 그리고 슈티르너는 그것을 어디까지고 만족시키는 것에서 인간의 행복을 보려 했다. 여기서 그 세 가지 주장에 대한 나의 비판을 가해보자면…….

첫째로 그리스도의 가르침에 따르기에 인간은 너무나도

현실적으로, 즉 물질적으로 만들어져 있다.

둘째로 노자의 생각은 철저하다. 이것은 이론상으로는 훌륭하게 유토피아를 건설한다. 그러나 그것은 결국 이론 상이지 실제에서는 성립되지 않는다. 왜냐하면 노자가 부정하려 했던 소유욕이야말로 생명욕의 분출이기 때문이다. 생명욕 그 자체인 것이다. 즉, 인간의 살아가려 하는 힘이 자신의 영역에서 넘쳐나 맹목적이기는 하나 '보다 좋은 삶'을 살려고 몸부림치는 모습이 지상에서의 쟁투인 것이다. 따라서 노자의 사상을 실제로 끌어내려 가장 철저하게 지키려 하면, 그것은 권력이나 가정을 부정하기 전에 우선 살려고 하는 욕망 그 자체를 부정해야만 한다. 그렇기 때문에 노자의 소유욕 부정 사상은 인간과 함께 서로 성립할 수 없다고 말하는 것이다.

셋째로 슈티르너의 소유욕 만족……, 나는 이 마지막 것과 같은 생각을 가지고 있다. 그 생각으로 이 소유욕이라는 것을 해석하자면, 소유욕이란 생명욕이 그 영역을 초월하여 인간생활 위로 넘쳐난 것의 다른 이름이다. 그리고 그것은 자애(自愛), 즉 자신을 이롭게 하려는 형태로 나타난다. 나는 말하겠다……, 사람은 결코 남을 사랑할 수 없다. 사랑하는 것은 언제나 자신이다. 모든 사람은 에고이스트다 —라고.

하지만 그 자신은 결코 고정되어 있지 않다. 자아는 신축하는 법이다. 어떤 때는 국가나, 혹은 인류로까지 확대되고, 또 어떤 때는 그 자신 일개의 개체 속에서조차 자타의 대립을 보기 때문에, 인간 사이의 온갖 사회적 결합은 오로지 이 자아의 신축성 위에서만 유지되고 있다…….

(……중략……)

그렇다면 선이란 무엇일까? 인류사회에서 선이란 각자가 공존공영(共存共榮)하는 상태를 말한다. 그러나 생존의 법칙은 그것을 유린한다. 반드시 승리와 패배가 있어서 그것을 용납하지 않는다. 여기서 나는 외치겠다. ―반역하라, 반역하라, 모든 힘에 반역하라! 강한 힘에 제약을 가하는 것은, 그것은 선이다. 즉, 압제자에게 반역하는 것은 피압제자에게 있어서 선이자, 동시에 그것은 전 인류의 선이다. 그리고 그것만이 인간이 행하는 일 가운데 유일한 선이자, 미다―라고.

나는 지금 사람이 추구하려는 것은 현실의 생활이라고 말했다. 그리고 어디까지고 소유하라고, 가질 수 있을 만큼 가지라고 말했다. 그러나 이제 나는 그 '가지려고 하는 생활'을 비판하기로 하겠다.

어쨌든 무엇보다 먼저 사람은 '가지려' 한다. 그렇다면 무엇을 가지려 하는 것일까? 즉, 인생의 목적은 무엇일까?

나는 답하겠다. ―인생의 목적은 행복의 추구에 있다―고. 설사 그 행복이 어떤 형태를 가지고 있다 할지라도. 그 행복이란 어떤 것일까? 나는 존재하는 것에 대해서 정의하겠다. ―즉, 형태가 있는 것이든 없는 것이든 모든 것은 전혀 상반된 2개의 것으로 이루어져 있다. 그리고 그 2개는 존재라는 조건 앞에서 떨어질 수 없는 교섭을 가지고 있다―고. 쉽게 말해보자면 여기에 하나의 어떤 것이 있다. 그것을 얻음으로 해서 인간은 행복을 느낀다. 즉, 그 어떤 것이란 행복인 셈이다. 그런데 그것이 행복이기 때문에, 행복이라고 보기 때문에 그것을 얻으려 하지만 얻지 못하는 자 위에 불행이 생겨난다. 따라서 불행이 없는 곳에는 행복도 없다. 행복이 없는 곳에는 불행도 없다. 즉, 존재는 전부 상대적인 것이다. 내가 하고 싶은 말은 여기까지이지만, 혹시 관리들께서 다른 사람의 책을 읽고 그대로 이야기한 것 아니냐는 의문을 품을지도 모르니 그 번거로움을 피하기 위해서 조금 더 깊이 들어가보기로 하겠다. 그렇다, 철학적으로 봐도, 과학적으로 봐도, 어떤 방면에서 봐도 존재는 전부 완전히 상반된 것 위에서만 유지된다. 따라서 불행에 화를 입는 행복, 그것은 참된 행복이 아니다. 오히려 행복을 얻으려 하지 않는 곳에는 불행도 없다. 그리고 그 불행이 없는 곳에 바로 행복이 있다. 다시 말해서 그 불행이 없는 상태야말로 참된 행복인 것이다.

좀 더 설명하자면, 그것은 존재가 아니라, 존재의 인과관계를 초월한 저편, 즉 니힐의 경계에 바로 참된 행복, 참으로 인간이 추구하는 것이 있는 것이다. ……(후략)」

처음부터 후미코 씨의 허무주의를 비판하기 위해서 이 글을 쓴 것도 아니며, 또 찬성하기 위해서 이 글을 쓴 것도 아니라는 사실은 굳이 말할 필요도 없을 것입니다.

논의에 대한 찬부(贊否)는 나중에 얘기하기로 하고 후미코 씨는 어떤 사람이었는가를 추억하며, 탄압 10년의 회고 가운데 가장 특이성을 가진 여성 투사 후미코 씨의 모습은 이 글 속에 잘 나타나 있다고 생각합니다.

IX. 부록

조선인을 위해 변함

나카니시 이노스케

1

이번의 대진재에 대해서는, 무엇 하나 인간을 전율에 떨지 않게 하는 것이 없었습니다. 그리고 거기서 많은 것들을 배울 수 있었습니다. 적나라한 인간의 단면이 피투성이가 되어 우리의 눈앞에 펼쳐졌던 것입니다. 우리는 그 하나하나를 이야기할 때조차 한없이 슬프고 쓰라린 마음을 느끼지 않을 수 없습니다. 도쿄 시에 살고 있던 한 사람으로서도, 지금까지 살아 있다는 사실이 하나의 기적처럼 여겨집니다.

그러나 저는 지금 여기서 그 가슴 아픈 회고를 하려는 것이 아닙니다. 여기서는 제가 무슨 일이 있어도 지금의 일본인, 그 가운데서도 일본의 여성분들에게 앞으로 깊이 생각해주셨으면 하는 하나의 중요한 사실을 이야기해서, 저의 간절한 마음을 표현하고 싶은 것에 지나지 않습니다.

이번 진재와 함께 가장 현저하게 사람들의 마음을 위협한 것이 있습니다. 특히 부인 · 어린이들에게 뿌리 깊은 공포와 불안감을 품게 한 것이 있습니다. 마치 사실인 것처럼, 아주 그럴 듯하게, 이른바 유언비어가 널리 퍼져 도쿄 전체를 떠들썩하게 하고 사람들의 낯빛을 잃게 만들었다고 해도 좋은 하나의 사건이 있습니다. 그리고 그것이 지금까지도 여전히 우리들에게 불쾌한 그림자를 남기고 있는 것처럼도 느껴집니다. ―그것은 곧, 조선인의 불령행동이라는 유언비어였습니다. 그에 대한 일본인의 강한 증오와 배격이었습니다. 이처럼 혼란한 시대에 정확한 보도기관이 없는 경우라면, 그런 일이 벌어지는 것도 어찌 보면 당연한 일일지 모르겠으나, 조금이나마 조선을 연구해서 조선인을 알고 있는 사람이라면 너무나도 공허한 그 진상에 놀라지 않을 수 없을 것입니다.

이렇게 말했다고 해서 제가 조선 민족을 성인들의 집단이라고 생각하고 있다는 것은 결코 아닙니다. 그들 중에도 이른바 불령한 무리들이 적지 않을 것입니다. 또한 이번의 혼란을 틈타서 부정한 행동을 한 악한이 아주 없었다고도 말할 수 없을지 모르겠습니다. 하지만 그것은 오로지 조선인에게만 한정할 수 있는 말이 아니라고 생각됩니다. 일본인 가운데도 그들에게 뒤지지 않을 만큼 불의, 불륜의 행동을 해서 이재민을 울린 사람들이 있습니다. 특히 공직에 있으면서 이재민의 구휼품을 횡령하는 등, 글자 그대로 불령

일본인도 등장했습니다. 그러니 조선인에게만 죄악이 있다고 누가 감히 단언할 수 있겠습니까? 조선인도 역시 사람입니다.

단 조선인에게 부정, 불의가 있다면 설령 길거리에서 허리를 벤다 할지라도 저 역시 할 말은 없을 테지만, 조선인이기 때문에 부정, 불의한 행동을 하는 것이라는 관념을 품는 것은 결코 옳지 않은 일이라고 말하고 싶은 것입니다.

이 이론은, 이론으로써는 누구도 부정하지 않습니다. 그런데 사실 앞에 직면하게 되면 이 올바른 이론은 완전히 묻혀버리고 오로지 감정만이 날뛰게 됩니다. 이번 일이 그러한 사실을 분명하게 뒷받침하고 있다고 저는 생각합니다.

2

저는 이른바 불령선인이라고 세상으로부터 폄칭당하고 있는 조선 청년들을 상당히 많이 알고 있습니다. 그리고 그 사람들의 방문을 받는 경우도 있습니다. 저희 집 근처에 한 정부기관에서 일하는 관리가 살고 있습니다. 그 관리의 부인도 저희 집에 이야기를 나누러 자주 오는데 언제나 귀여운 아이를 데리고 옵니다. 한 조선청년이 그 아이를 아주 좋아했습니다. 덕분에 언제부턴가 그 부인과도 가까운 사이가 되었는데, 처음에는 그 청년이 조선인이라는 말을 듣고 부인은 눈썹을 찌푸렸습니다만, 서로 친해지기에 이르러 부인은 부드럽고 친절한 그 청년을 진심으로 믿게 되었습니다. 그리고 부인은 저희에게 지금까지 신문 같은 데서 읽어서 일종의 혐오감을 품고 있던 조선인이 실제로는 저렇게 훌륭한 인품을 가진 사람도 있었는지 몰랐다고 말하며 놀라서 눈을 둥그렇게 뜬 적도 있었습니다. 이번 사변에 있어서도 부인은 조선인을 동정하는 사람이었습니다. 그리고 그 알고 지내던 청년의 신변을 매우 걱정했습니다. 부인은 지금까지 그녀의 마음속에 드리워져 있던 검은 공포의 환영을 흩어버리고 조선민족의 일원으로서의 올바르고 밝은 조선인을 이해하게 된 것입니다. 그렇다면 부인은 어째서 그런 검은 환영에 휩싸이게 되었던 것일까요? 이는 그 부인뿐만 아니라, 일본인의 조선 문제를 푸는 유일한 열쇠가 됩니다. 지금부터 그것을 생각해보기로 하겠습니다.

조선 및 조선인의 우리나라에 대한 역사적 · 지리적 교섭은 어제오늘의 일이 아닙니다. 그리고 그 교섭은 이민족으로서 세계에서도 가장 밀접한 관계임은 이제 와서 새삼스럽게 설명할 필요가 없을 정도입니다. 특히 고대 동양문화사의 입장에서 보자면 조선은 오히려 일본보다 선진국이었다고 말해도 결코 과언이 아닙니다. 그들의 4천 년에 이르는 역사가 이것을 웅변적으로 증명해주고 있습니다.

근대에 이르러 마침내 그러한 고대역사의 인습적 개념을 붕괴시키고 일본인의 뇌리에 가장 선명하게 각인된 조선 및 조선인의 모습은 메이지 원년(1868)의 정한론이었습니다. 다음은 메이지 27, 8년(1894, 95) 및 메이지 37, 8년(1904, 05)의 전쟁이었습니다. 이 역사적 사실에 의해서 새겨진, 일본인이 본 조선이, 일본인의 머리에서 예전의 빛나는 조선의 역사를 완전히 말살시켜버렸습니다. 그렇게 해서 조선민족을 한없이 약소하고, 또 무지몽매한 열등민족인 것처럼 여기게 만들었습니다. 일본인의 조선인에 대한 지식, 감정의 착오는 바로 이 근대의 역사적 사실이 낳은 불행이라고 말해도 결코 과언은 아닐 것입니다. 그리고 그러한 불행이 지금도 여전히 일본인의 잠재의식이 되어 있는 것입니다.

조선이 일본에 병합된 것은 메이지 43년(1910)이었습니다. 그리고 그때부터 위에서 말한 불행은 일본인 위에 더욱 커다란 재앙이 되어 나타나기 시작했습니다. 이른바 불령선인이라는 폄칭도 오로지 이러한 일들 이후에 선전된 것입니다. 그리고 일본인과 조선인의 감정의 골은 더욱 깊어져만 가는 것을 어떻게 해볼 수도 없었던 것입니다.

3

시험 삼아 조선 및 일본에서 발행되고 있는 일간 신문의 조선인에 관한 기사를 살펴보시기 바랍니다. 거기에는 어떤 내용이 보도되어 있습니까? 저는 과문한 탓인지 아직 조선 국토의 수려함, 예술의 선미(善美), 민정의 우아함을 소개하고 보도한 기사는 거의 본 적이 없습니다. 그리고 폭탄, 권총, 습격, 살상, 온갖 전율할 만한 글자를 나열해놓고 이른바 불령선인—요즘에는 불평선인이라는 명칭으로 바꾼 신문도 있습니다—의 불령행동을 보도하고 있습니다. 그것도 신문기자 특유의 과장된 필법으로.

만약 아직 고대의 조선에 대한, 혹은 현재의 조선 및 조선인에 대한 지식과 이해가 없는 사람들이나, 특히 감정이 섬세한 부인 등이 이 일상의 기사를 읽는다면 조선이란 산적이 사는 나라이고 조선인이란 맹호와 같은 사람이라고 생각하게 될 것이라 여겨집니다. 조선인은 아무런 고려도 없는 저널리즘의 희생양이 되어 일본인의 일상 의식 속에 검은 공포의 환영이 되어 새겨진 것입니다. 앞서 제가 이야기한 관리의 부인은 그 실증이라고 할 수 있습니다. 저는 굳이 묻겠습니다. 이번 선인 폭동에 대한 유언비어는 이러한 일본인의 잠재의식의 자연스러운 폭발 아니었을까요? 이 검은 환영에 대한 이유 없는 공포 아니었을까요?

4

제가 보기에 조선 및 조선인에 대한 일본인의 근대적 지식은 전혀 없다고 해도 좋을 정도이고, 그에 대한 지식의 보급이 완전히 결여되어 있다고 해도 결코 과언은 아닐 것입니다.

일본의 정치가, 학자, 교육가는 선인의 동화를 부르짖고 있습니다. 그들을 일본의 전통과 문화에 순응케 하려 하고 있습니다. 하지만 그와 동시에 그들의 전통과 문화를 알려고는 결코 하지 않습니다. 동화를 바라는 일본인들은 자신의 희망에만 급급해서 그들을 알려는 여유는 전혀 가지고 있지 않습니다. 동화의 옳고 그름은 떠나서, 좋든 싫든 조선 문제에 대해서 이러쿵저러쿵 참견을 하는 자가 조선 및 조선민족에 관한 이해와 지식을 일본민족에게 요구하지 않는다면 무슨 일을 할 수 있겠습니까?

실제로 그에 관한 종전의 상태를 살펴보면, 민간에서 간신히 한두 권의 책만을 찾아볼 수 있을 뿐, 거의 아무런 계획도 없었습니다. 학교의 교과서도 구태의연하고, 그 저자조차 조선에 관한 아무런 지식도 가지고 있지 않습니다. 단지 인정, 풍속이라는 점에서 보자면, 그 나라의 기생이 항간의 가무장에서 공중에게 그 가무를 보였을 뿐입니다. 그리고 그 결과 기생을 조선 부인의 대표자인 양 생각하고 있는 일본인이 많다는 것은 참으로 웃지 못할 일입니다. 이렇게 해서 일본인의 뇌리에 반영되어 있는 조선인은 신문 3면의 '불령선인'이 되었고, 또 다이쇼 박람회에서 가무를 선보인 기생이 되었습니다. 저는 10년을 하루 같이 문화정치, 일선융화를 선전하고 있는 조선총독부의 각 선생들에게 이러한 소식에 대한 감상을 들어보고 싶습니다.

5

조선은 동양에서 4천 년의 역사를 가진 군자의 나라입니다. 유교적 감화는 삼척동자에게까지 이르러 있습니다. 경서를 외우고 읽는 소리는 춘하추동, 방방곡곡에서 들을 수 있습니다. 유생은 장발, 의관하고 후진 육성을 위해 열심히 노력합니다.

조선 민족은 평화의 백성입니다. 그는 결코 침략의 민족이 아닙니다. 그의 역사가 분명하게 그것을 증명하고 있습니다. 그에게 만약 몇 페이지인가의 싸움에 대한 역사가 있다면 그것은 침략자에 대한 방어를 위한 싸움이었습니다. 그는 조국을 지키기 위해서, 정의를 위해서 검을 쥐고 일어선 것이었습니다. 압록강 이남의 반도는 언제나 평화의 은혜 속에 있었습니다.

조선은 예술의 나라입니다. 동양의 형상미술은 오히려

여기에서 발상했다고 해도 결코 과언이 아닙니다. 아니 세계 역사상에 있어서도 미술의 선진국이라 해도 틀린 말은 아닐 것입니다. 저는 저 낙랑시대의 건축, 미술처럼 발전된 것이 동시대의 세계 어디에 있었는가 묻고 싶습니다.

조선은 형승의 국토입니다. 그 웅대한 산수는 그것을 일본과 비교해 봐도 결코 뒤지지 않을 뿐만 아니라 오히려 훨씬 더 뛰어나다는 사실을 저는 언제나 느끼고 있습니다. 금강산의 기승만이 그런 것이 아닙니다. 대동강, 모란대, 압록강의 장려함은 말할 것도 없습니다. 그 반도 곳곳에 있는 절대가경의 명승지는, 마치 초가집에 숨어 있는 소녀처럼, 초려에서 쉬고 있는 영웅처럼 우리의 눈을 놀라게 합니다.

조선인은 쉽게 친해지고 쉽게 사랑을 나눌 수 있는 민족입니다. 그리고 정이 많은 사람들입니다. 특히 부인과 아이들이 사랑스러운 민족입니다. 일본인이 생각하고 있는 것과 같은 광포한 민족성은 어디에서도 찾아볼 수가 없습니다. 한 번이라도 그들의 나라에서 살아본 적이 있고, 그들과 교류를 해본 적이 있는 사람이라면 누구나 수긍하는 점입니다.

저는 조선인에 대한 저의 감상을 더 이상 이야기하지 않겠습니다. 단편적인 기술로는 도저히 만족스러울 만큼 이야기할 수 없기 때문입니다.

일본인 가운데 조선인에 대해서 약간 알고 있는 사람들은, 그들에 대해서 여러 가지 민족적 결점을 이야기합니다. 그러나 만약 세계의 모든 민족에 대해서, 그들이 가지고 있는 결점을 들자면 아마도 방대한 양의 저작물을 쓸 수 있을 것입니다. 그리고 조선민족에 대해서는 누군가가 결점이 없다고 단언할 수 있을 것입니다.

6

저는 일본인에게 결코 많은 것을 바라지 않습니다. 사랑해야 할 동포로서, 믿어야 할 친구와도 같은 민족으로서, 그 아름다운 반도의 사람들을 친절한 마음으로 이해해주기를 바라는 것입니다. 결점은 서로가 보완하기로 하고 장점과 미점과 광명의 방면으로 시선을 돌려 눈을 크게 떠주셨으면 하는 것입니다.

일본인 형제자매여, 모쪼록 당신들의 그 머릿속에서 검은 환영으로 남아 있는 조선인을 지워버리시기 바랍니다. 그리고 밝고 사랑스러운 민족으로서의 조선인을 바라보시기 바랍니다. 일선문제는 여기에서부터 눈 녹듯 녹아내릴 것입니다.

(『부인공론』 1923년 11·12월 합병호)

박열 군의 일 등
-겨울 일기-

나카니시 이노스케

   겨울의 옅은 햇살이 비치는 정오를 지났을 무렵, 나는 오사카에서 돌아오자마자 이치가야의 감옥으로 달려갔다. ……얼마 전에야 마침내 B군의 접견 금지가 풀린 것이었다. 그것을 오사카에 있던 내게 급히 알려왔기에 그날 당장 밤길을 떠나 돌아온 것이었다. 계호주임(戒護主任)의 입회하에 손님용 응접실에서 만나게 해주었다. 여기에는 나도 감사하고 싶었다. B군은 ××가다. 그 인격을 존중해주는 계호주임에게는 호감을 품게 되었다. ……—벌써 3년이나 만나지 못했다. 그랬다. 진재 전, 나의 출옥을 환영해주었을 때 만난 이후, 나는 지바의 해안으로 몸을 휴양하러 갔었는데 그때 진재가 일어났으니. ……내가 올해 여름, 조선에 갔었을 때의 그쪽 사정을 이야기하자, 참으로 반갑다는 듯이 들었다. ……(주. 1925년 8월, 조선체재, 조선 프롤레타리아예술가동맹의 환영좌담회, 8월 17일, 오사카) "감옥 안에서 정식으로 결혼식을 올린다고 들었는데, 뭐 필요한 게 있으면"이라고 나는 말했다. "네?"라며 그가 무슨 말이냐는 듯한 표정을 지었다. "그건 거짓말입니다. 그런 내용을 신문이 썼더군요."라고 계호주임이 말하고 웃었다. "……." 나는 할 말을 잃고 말았다. '신문기자 놈들은 정말 무책임한 글을 쓰는 놈들이다.'라고 나는 생각했다. 그는 지금 결코 그런 일을 생각하고 있지 않다!

미모의 젊은 부부가 동일범이라고 해서,

경박한 신문기자가, 그런 기사를 쓴 것이었다.

B군은 3년 동안의 옥살이에도 그렇게 지친 듯한 모습은 거의 보이지 않았다. 오히려 말쑥하고 시원시원한 느낌을 주었다. ―그 이상, 여기서는 쓸 수가 없다. 그래도 같은 감옥에 있는 부인 F코 씨에 대해서 이야기하자 눈에 반짝이는 눈물까지 보였다. "오늘 집사람이 F코 씨를 만나기로 되어 있다."고 내가 말하자, "그런가."라며 기쁘다는 듯 미소를 지었다. 3, 40분쯤 이야기를 나누다 헤어졌다. 아래층까지 함께 내려왔다. 삿갓 아래로 그의 갸름한 얼굴에 미소를 머금고 있는 것이 어두운 복도에서 보였다.

"잘 가시게.", "또 오겠네, 2, 3일 안으로. 잘 계시게." 누런 해가 문가 노송나무 끝에 엉겨 붙어 있었다. 대심원의 공판은 12월 7, 8일이다. 그렇다면……. 나는 파란 하늘을 올려다보았다. 거기에 있는 낙엽수의 가지 끝에서 팔랑팔랑 잎이 떨어졌다. 몇 주 전까지는 후루타(古田) 군이 저렇게 지냈었겠구나, 하고 나는 생각했다.

『문예전선』 제3권 제1호(1926년 1월)

가시와기(柏木)에서

나카니시 이노스케

O형,

『조선시론(朝鮮時論)』을 보내주셔서 감사합니다.

전부터 사와무라 형이 뭔가 글을 쓰라고 말했었습니다만, 워낙 1년 중에 집에 있는 것은 3분의 1 정도밖에 되지 않고, 그 3분의 1 동안 미루어두었던 글들을 일사천리로 써야하기 때문에 결국 형 쪽에는 실례를 하고 말았습니다.

게다가 요즘에는 덥기 때문에 딱딱한 글은 도저히 쓸 수가 없습니다. 어제 오사카의 강연에서 돌아왔는데, 우편물 가운데 섞여 있는 『시론』을 발견했습니다. 그리고 사와무라의 통신을 읽고 까맣게 잊고 있었다는 사실을 깨달았습니다.

O형,

가네코 후미코 씨는 결국 자살했습니다. 그 사실도 신문을 통해 이미 알고 계시리라 생각합니다.

공판의 언도를 받기 일주일 전에, 저는 아내와 둘이서 면회를 갔었는데, 그것이 후미코 씨에 대한 영원한 작별이었던 것입니다. 새삼스럽게 인생이라는 것을 다시 생각하게 됩니다. 그 젊고 아름다운 후미코 씨가 한 덩이 뼈가 되어 도쿄로 돌아왔을 때, 저는 후미코 씨의 어머님과 이케부쿠로(池袋) 역으로 마중을 갔었습니다. 어머님은 걸핏하면 눈물을 글썽이며 생전의 후미코 씨에 대해서 말씀하셨습니다. 저는 어머니라는 존재의 존엄함을 생각하지 않을 수 없었습니다.

O형,

그 이튿날의 일이었습니다. 도쿄로 돌아온 후미코 씨의 유골이 분실되고 말았습니다. 그 결과로 저와 후미코 씨의 어머님까지도 검속되지 않을 수 없었습니다. 저는 어머님들과 한나절 이케부쿠로 서에 구류되었습니다. 어떻게 된 일인지 전혀 모르겠지만, 다시 유골이 발견되었기에 집으로 돌아왔습니다. 더운 날의 구류는 후미코 씨에게 바치는 일종의 작별인사였을지도 모르겠습니다.

O형,

『조선시론』은 좋은 잡지입니다. 하지만 경영에 커다란 어려움을 겪고 계시리라 여겨집니다. 조선에 일본인의 손에 의한 이런 잡지가 하나 정도는 있어도 좋다고 생각합니다.

재선일본인(在鮮日本人)의 손으로 경영되고 있는 종래의 신문·잡지는, 너무나도 초시대적 산물입니다. 그것은 조선 청년이 경영하고 있는 것과 비교하자면, 너무나도 비참한 대상입니다. 일본인이 조선인에 비해서 얼마나 뒤떨어져 있는지를 너무나도 명백하게 뒷받침하고 있는 것 아니겠습니까?

O형,

『조선시론』은 일본인의 이 커다란 하나의 불명예를 씻어주었습니다. 저는 『조선시론』의 존재 의의를 여기에서 찾고 싶습니다.

관료의 어용에 종사하는 것 외에도, 재선 일본인은 신문·잡지를 가지고 있어야 한다고 생각합니다. 자본가로부터 광고료라는 명의로 돈을 벌기 위한 목적 외에도, 재선 일본인은 신문·잡지를 가지고 있어야 한다고 생각합니다. 그런데 그런 잡지가 형의 손에 의해서 태어났다는 것은 저의 기쁨입니다.

그러나 이런 잡지의 경영과 편집은 쉬운 일이 아닙니다. 이 잡지가 모쪼록 건전하게 발전하기를 기원합니다.

(8월 11일)

『조선시론』 Vol.1 N-ro4 SEPTEMBER 1926.

◎ 옮긴이의 말

솔직히 고백하자면, 이 원고를 번역해야겠다고 마음먹은 지도 벌써 5년이 흘렀다. 그러나 그간은 여러 가지 문제(가장 큰 문제는 경제적인 문제였지만)가 있어서 번역을 망설였다. 그 기간 동안 과감하게 번역에 착수하지 못하고 애꿎은 원고만 뒤척이며 늘 아쉬움을 달래야했던 나 자신이, 한편으로는 한심하게 여겨지기도 했다.

이렇게 나를 망설이게 했던 문제 가운데 하나가 바로 저작권 문제였다. 공저자의 말에도 있는 것처럼 이 책은 온전히 후세 다쓰지 변호사의 손에 의해서 집필된 것이나 장상중 선생과 정태성 선생이 후세 다쓰지 변호사의 우정에 응해서 공동저자로 함께 이름을 올렸다. 후세 다쓰지 변호사의 저작권에는 아무런 문제도 없으나 장상중 · 정태성 두 분의 몰년이 명확하지 않아 저작권 관계가 애매하기에 그간 번역을 망설였는데, 이번에 '박열'을 주인공으로 한 영화를 개봉한다기에 더불어 박열 열사의 뜻을 되돌아보기 위해 출판을 결심하게 되었다. 이런 마음을 헤아려 두 분께서도 너그러이 보아주시리라 생각한다.

사실 오래 전부터 이 책을 기획했던 만큼 여러 가지 자료를 다양하게 실어 박열 · 가네코 후미코 부부의 당시 모습을 여러 각도에서 조명하고 싶었지만, 이번에도 역시 여러 가지 문제가 있어서 많은 부분을 생략하고 후세 다쓰지 변호사에 의한 원고와 나카니시 이노스케의 글 몇 편만을 수록, 당초 기획보다는 훨씬 초라한 책이 되어버리고 말았다. 박열 · 가네코 후미코 부부는 물론 두 사람에 관한 여러 자료를 남기신 분들께 죄송한 마음, 그리고 이번에도 역시 나 자신이 한심하다는 마음…….

　그럼에도 나카니시 이노스케의 글만은 싣기로 결정한 것은 박열 · 가네코 후미코 부부와 나카니시 이노스케 부부의 특별한 관계 때문이다(물론 번역자가 개인적으로 좋아하는 작가라는 이유가 가장 크게 작용한 것일지도 모르겠으나). 그 관계를 잠깐 살펴보면 나카니시 이노스케는 박열 열사가 발행하던 잡지에 조선을 배경으로 한 자신의 소설 『붉은 흙에 싹트는 것』의 광고를 싣기도 하고 여러 가지 글을 기고하기도 했을 정도로 박열 열사와 친밀하게 교류했다. 또한 나카니시 이노스케가 투옥되었다가 출옥하자 박열 열사가 그의 출옥을 축하하는 환영회를 열어주었으며, 반대로 이번에는 박열 · 가네코 후미코 부부가 옥에 갇히자 나카니시 이노스케 부부가 그들을 여러 가지로 돌보아주었다. 특히 나카니시 이노스케의 부인은 가네코 후미코의 옥바라지를 한 것으로 알려져 있으며, 판결 당시에도 가네코 후미코가 평상복을 입고 임하고 싶다고 하자 자신의 옷을 벗어주었다고 한다.

이 외에도 박열·가네코 후미코 부부와 나카니시 이노스케 부부 사이에는 여러 가지 일화가 남아 있는데 그 내용들이 단지 동지로서의 관계에 의한 것이 아니라, 인간적 친밀함을 느끼게 해주는 것들이기에 나카니시 이노스케의 글만은 굳이 싣기로 한 것이다. 그리고 후세 다쓰지 변호사와 나카니시 이노스케와의 관계도 역시 생각하지 않을 수 없었다. 나카니시 이노스케는 후세 다쓰지 변호사와 공동으로 책(한국어판 제목은 『사형수와 그 재판장』)을 출간했을 만큼 후세 다쓰지 변호사와도 친밀한 관계에 있었다.

어쨌든 이 책은 박열·가네코 후미코 부부의 이른바 대역사건과 관련된 거의 대부분의 자료를 제공하고 있는 책이다. 부족한 점이 많으나 너그러운 마음으로 읽어주셨으면 하는 바람이다.

2017.6.
역자

옮긴이 **박현석**

국문학을 전공하고 일본으로 건너가 유학 및 직장 생활을 하다 지금은 전문번역가로 활동 중이며 우리나라에 아직 소개되지 않은 해외 유명 작가들의 작품을 소개하기 위해서 출판을 시작했다. 번역서로는 『판도라의 상자』, 『갱부』, 『혈액형 살인사건』, 『태풍』, 『인류의 스승 인생을 이야기하다』, 『젊은 날의 도쿠가와 이에야스』, 『다자이 오사무 자서전』, 『붉은 흙에 싹트는 것』, 『불령선인』, 『너희들의 등 뒤에서』 외 다수가 있다.

운명의 승리자 박열

1판 1쇄 발행 2017년 6월 20일
1판 2쇄 발행 2022년 3월 20일

지은이 후세 다쓰지 / 나카니시 이노스케
옮긴이 박현석
펴낸이 박현석
펴낸곳 玄 人
표지디자인 김창미

등   록 제 2010-12호
주   소 서울시 도봉구 덕릉로 62길 13, 103-608호
전   화 010-2012-3751
팩   스 0505-977-3750
이메일 gensang@naver.com

ISBN 979-11-88152-09-4